U0815543

Immersion

A Writer's Guide to Going Deep

沉浸式写作

深度写作指南

[美] 泰德 · 康诺弗 著

Ted Conover

张艺 译

新华出版社

图书在版编目（CIP）数据

沉浸式写作：深度写作指南 / (美) 泰德·康诺弗著 ; 张艺译 .
-- 北京 : 新华出版社 , 2022.12
书名原文 : Immersion: A Writer' s Guide to Going Deep
ISBN 978-7-5166-6665-4

Ⅰ . ①沉…　Ⅱ . ①特…　②张…　Ⅲ . ①写作—指南　Ⅳ . ① H05-62

中国国家版本馆 CIP 数据核字（2023）第 013229 号

著作权合同登记号：01-2020-5508

Immersion: A Writer's Guide to Going Deep
by Ted Conover
Licensed by The University of Chicago Press, Chicago, Illinois, U.S.A.
© 2016 by Ted Conover. All rights reserved.
本书中文简体版专有出版权经由中华版权代理有限公司授予
归新华出版社所有

沉浸式写作：深度写作指南

作者：[美] 泰德·康诺弗　　**译者：**张　艺

出版发行：新华出版社有限责任公司
（北京市石景山区京原路 8 号　邮编：100040）

印刷：河北鑫兆源印刷有限公司

成品尺寸：145mm×210mm 1/32　　**印张：**6.625　　**字数：**120 千字

版次：2024 年 5 月第 1 版　　**印次：**2024 年 5 月第 1 次印刷

书号：ISBN 978-7-5166-6665-4　　**定价：**49.00 元

版权所有 · 侵权必究
如有印刷、装订问题，本公司负责调换。

微店　视频号小店　抖店　京东旗舰店
微信公众号　喜马拉雅　小红书　淘宝旗舰店
请加我的企业微信
扫码添加专属客服

引 言

转身面对陌生人

我的故事是从火车上开始的。

在位于圣路易斯市的密苏里太平洋铁路公司的火车站停车场，我纵身一跃跳到了火车上。那时我 22 岁，并不清楚我究竟在做什么。我在电影里经常看到流浪汉扒上行驶中的火车，所以我的计划是：坐在杂草里，不被别人看见，等待一列开得足够慢的火车，让我能够抓住它并爬上去。

我花了一天多的时间才遇到一辆火车，我跳上这辆无盖式火车，这是我人生第一次扒火车。大约 10 分钟后，停车场的一侧轨道上停了一列小轿车，火车开不走了，我的第一次扒车就这样失败了。

但是机会又接着来了，我终于得以扒上一辆真正的货运火车（碰巧扒上了向西行驶的火车，那个时候我可能会朝任何一个方向出发）。对我而言，搭上火车就像是拉开了序幕，使我得以进入另一个国家。两天后，我遇到一个流浪汉，开始和他同行，我感到自己的旅途真正开始了。

❀ ❀ ❀

当时我没有想到有一天能把这段经历写成一本书。在我一生中除了大学教授外，从没遇到过能够写书的人。但是我确实有一个写作计划：首先，以日记形式的“现场笔记”来写，然后，如果指导我写作的教授认为素材充足，这些素材就可以形成一篇人类学的本科论文。

实现起来可颇费周折。我的导师指出，乘坐货运列车有危险，而且是违法的。这么说颇有道理，我这么做可能会有不良后果。我说，我明白。可是他不太愿意指导我的研究。我记得他的木制办公椅在随之而来的沉默中嘎吱作响。我无法说服他，但是我看得出他的话还没说完，我们又坐着谈了一会儿。他说：“另一方面，如果你要休学一个学期，能自己独立完成这件事，并做好笔记，我们也许会在你回来的时候予以考虑。”我这辈子从来没有因为一个“也许”而这么开心过。

几个月后，我旅行归来，提交了笔记。我们讨论了写作结构，教授们同意了。他们建议我不要使用第一人称，但同意我在结尾处加一章，阐述我对调研的认知。我的写作模型来自我当时阅读的一本书——艾略特·列堡所写的《泰利的街角：一项街角黑人的研究》。他为这本书的附录写了标题“现场亲历回顾”，我也为自己的最后一章加了同样的标题。

我的朋友中很少有人对我的论文感兴趣，因为论文的内容往往是流浪汉对时间和空间的感知等问题，他们反倒是对我所讲述的经历感兴趣。“你害怕过吗？”“你有没有被警察抓过？”“你主要和谁同行？”我为某学生杂志写了一篇文章，内容是关于我在加利福尼亚的内华达山脉上和一个流浪汉相处了一个上午的经历。《大学校友》杂志转载了该文章，全国性的媒体也开始给我打电话。长话短说，我获得了一份图书出版合同，实质上是以记叙的形式重写我的论文，以第一人称按照时间顺序记叙人物和事件。这本书就是《漫无目标地前进》。

在论文研究期间和本书写作期间，我有很多疑问。我就读的小型学院没有人种志课程，也不鼓励学生进行现场调查。我将如何记笔记？我要注意些什么？我的导师给了我一本书，叫作《参与式观察》，这是他刚从出版商那里收到的书。它解释了现场调查的方法，需要寻找什么和如何进行思考，我在火车旅途中就用到了这种方法。我虽然写过报纸特写和杂志短文，但是我要如何开始写一本书呢？我敬佩的作家有很多，在旅途中以及行程结束后我读了他们的一些书：布鲁斯·查特文的《巴塔哥尼亚高原上》、威廉·李斯特·海特穆恩的《蓝色公路》、伍迪·格斯里的《奔向荣耀》、乔治·奥威尔《巴黎和伦敦落魄记》。我学习到了与小说写作不同的东西，从杰克·凯鲁亚克的《在路上》和杰克·伦敦的《路》，到安·泰勒的《意外的旅客》和《哈珀》杂志上刊载的鲍比·安·梅森的小说。通过这些阅读，我似乎与每本书进行了一次对话，从每本书中汲取一段我想要的东西（“我欣赏这一点，但不是那么喜欢”）。我在寻找写作模型、写作方法以及叙述方式。似乎没有什么可以直接适用于我的写作项目，但是回顾起来，所有这些书都对我有所帮助。最后，像所有作家一样，我不得不独自写作。

多年以来，我又做了不少类似扒火车调研的沉浸式写作项目。我之所以这么做的一个原因是我喜欢通过体验来获得认知：憧憬着一种情景能教会我一些东西。我发现探索社会交往领域非常有意义。如果我拥有不同的父母，生活在不同的地方或者不同的时代，我的一生将大不相同。我经常想知道：在那样的情况下，我是否能够活得下去；对于那些人来说，生活是什么。我写的东西越多，我就越了解如何研究和写作。后来我开始教书。当年轻的作家不断向我求教时，我决定试一试将我给他们的一些建议落到纸上。

❀ ❀ ❀

结果就有了这本书。简而言之，这本书是我当年乘火车出发的时候就想拥有的书。这本书总体而言是关于我所说的沉浸式写作的：作品源自作家将自己置身于别人的世界里一段时间，下一番功夫去了解别人的世界。从我的写作目标来看，这样的作品大多是叙事性的，深度思考是存在的，甚至是必需的，但主要的写作目的是写故事，而不是写随笔。

我写这本书是给一如我当年那样的年轻人看的，是为了给那些想尝试沉浸式写作项目的人看的。看这本书的人不需要有写作基础（尽管某些新闻、写作或创造性写作课程可能会有所帮助）。我预计我的大多数读者都是大学生，甚至有更高的学历（但这并不是真正的要求）。这些学生中，有的并不以出版书为主要目的，其他人是大学毕业生或具有较高学位的人。我为同行们而写这本书，这些人是年龄在 18 至 90 岁的有志作家，他们想写些有价值的文章或者别人可能想要阅读的东西。如果他们想写的有价值的文章是课堂作业，就很好；如果是为报纸或杂志写的长篇文章，也很好；如果是一本面向大众读者的书，那就太好了。

我还要说的是，当我提到作家时，也包括在其他媒体上工作的纪录片作家，例如播客、视频和电影。这些领域也涉及沉浸式研究和记叙文写作。我觉得这些领域的从业者在阅读本书后面内容的时候可以忽略“写作”的特定含义。

接下来的六章将具体阐述沉浸式项目的所有步骤。

第一章“为什么要沉浸下来？”将阐述沉浸的特性和机会，并详细地定义沉浸式写作。我所谈论的这种写作类型在文学上有历史渊源，我们将谈论其重要的祖先，还有它的文学表亲：人种志、旅行写作和回忆录。我们将逐一进行讨论。

在第二章“选择一个主题 寻找切入点”，我们将单刀直入，研究哪些主题最适合此类写作。然后，我们考虑下一步做什么：货运列车到了一个陌生的城镇，你和某个人都从列车上下来，你发现这个陌生人和你一样向前走着，现在你要怎样做？

第三章“深入内部调查”分为两个部分。第一部分是“我们与他们”，着眼于如何沉浸其中的广泛问题，从自我呈现到人际交往中的伦理道德来探讨如何沉浸。第二部分是“寻找什么”，挑选出一些具体的、实际的问题来探讨沉浸式研究。你会提出什么样的问题？你如何计划时间？你是打算暗中仔细观察还是采取更为积极的方式？你如何判断哪些细节很重要而哪些不重要？你将如何记笔记？这些问题除了有助于你了解新的社会领域，还有助于你预先准备在结束研究的时候把调查结果形成文章。换句话说，研究不仅仅是一个进行了解的过程，还需要时不时地暂停，衡量研究成果并思考如何将其转化为文章。我简单地把这种理念称作“为了故事而进行报道”。

第四章探讨了沉浸式写作的一个重要环节：卧底调查。如果不向写作对象披露你的真实身份以及你接触他们的目的，就会引发许多道德问题。哪些调查主题可以合理使用这种有争议的做法？在考虑卧底调查的弊端的同时，我们也要探讨其独特的功能和优势。

第五章“开始写作”也分为两个部分。第一部分“讲述者”探讨了是谁在文章中说话，是采用第一人称还是第三人称的问题。无论使用哪种人称，我们如何让这个叙事角色达到效果？第二部分“结构”探讨了一个较为麻烦的问题，即如何将记叙的内容整合在一起。这部分通过一系列具体案例研究告诉你：如何按照时间顺序记叙发展进程，文章中角色的重要性及如何描绘这些角色、如何描述场景的价值、麻烦的解决，以及对于文章开头和结尾的思考。

最后，第六章“后记”是对写作结束的简单思考。如果你的目标是出版，并且实现了，那么恭喜你！但是成功也会带来一些问题，例如，当你的写作对象从书中读到了你关于他们的描述的时候，会发生什么事情？我讨论了如何让写作对象预先做好准备，使他们不会感到惊讶。我还讨论了事实核查。最后，我讨论了从沉浸中走出来进行局外思考：穿着旧衣服的感觉如何？是正合适吗？还是该买新的衣服？

如你所见，这本书并不是关于寻找合作、编辑修改、寻找代理或进行出版的细枝末节。它涉及的是更加专业和有意义的事情：创作一部伟大的关于沉浸式写作的作品。当你手中有料时，我的意思是拥有原汁原味、不同寻常的精美素材时，剩下的事情也就水到渠成了。

沉浸式写作具有巨大的潜力，能够令读者感同身受。这是一种向读者介绍陌生人以及让读者对他们产生关心的写作方法，用于人们需要了解的领域的写作。但是，如何进行研究以及如何将研究转化为文章绝不是一件轻而易举的事情。

面对诸多条道路，你很可能误入歧途。确切地说，这本书不是现场调查手册，也不是一幅地图，没有一个向导能够走过所有的荒野。对于探索型作家来说，面对的是很多未知的事物，你将开辟自己的路。如果这本书可以被你当作写作之路上的探路灯，我就感到很欣慰了。

目　录

CONTENTS

I. 为什么要沉浸下来

“斯库特，你仅仅需要学会一个技巧，就可以与各种人相处得更好。你永远不可能真正了解一个人，除非你从他的角度考虑问题，除非你钻进他的皮肤，和他一样走来走去。”

——哈珀·李，《杀死一只知更鸟》

如何看待陌生人是人生的一个难解之谜。当孩子们遇到成年陌生人的时候，父母警告孩子不要和陌生人说话，这可能是个很好的建议。但是当他们遇到其他孩子呢？对于我们大多数人来说，学校是我们与自己的同龄人进行第一次沉浸式体验的场所。除此之外，学校还能是什么呢？那么我们什么时候才可以和陌生人说话？

有许多人会在他人在场的情况下感到紧张。我们迟迟不肯出去跟人交往，担心被纠缠或者被拒绝。我们往往与性格相投的朋友一起玩儿。

人们天生会害羞，但这并不是个好事儿。如果我们无法克服害羞，我们的圈子将永远很小。我很喜欢的一位三年级老师曾试图让我们思考害羞。她引用美国幽默家和本土哲学家威尔·罗杰斯的话："我从没遇到一个我不喜欢的人。"

"哦,真的吗？"我当时这么想,即使是坏人？抢银行的？杀人犯？此后的近 50 年里我一直在思考着这句话。

我生活在纽约市，纽约是美国最繁华的大都市之一，那里生活着极其富有的人和各种不同种族的人。我每天都在街上和地铁上遇见和我一样的纽约人,但是与我真正进行交谈、进行社交对话的人少之又少。我来自科罗拉多州，有的时候我回想起那个地方，怀念那个人们之间的交往在某种程度上容易许多的地方，尽管科罗拉多州不那么多样化，但是与陌生人聊天是很自然的事情，人们甚至期望与陌生人聊天。初来乍到的人很普遍，民族聚居地较少，各个民族之间似乎有更多的融合之处。我还记得有一天，当我从新英格兰的大学回家的时候，我在丹佛国际机场租了辆车，和站在柜台后面的那个人聊了一会儿，他显然是在自我解嘲地说：“哦，你可能觉得我是从布鲁克林来的吉多[①]吧。”我困惑地看着他。“什么是吉多？”我问道。我从没听过意大利裔美国人用这个词称呼自己。

纽约并不势利，也不是个专业化的城市。沃尔特·惠特曼就是拥有纽约DNA的代表人物。惠特曼是位诗人和记者，他写了一首著名的长诗《自我之歌》，另一首精彩的诗叫作《大路之歌》。这两首诗中都有很多他希望结识和了解的人。在《自我之歌》中，他提到了猎鸭者、教堂执事、疯子、印第安女子、舱面水手、新婚一年的妻子、铺路的人、“小贩”、食鸦片的人等。他在《大路之歌》中写道：

早市上的人，灵车，家具搬到镇上又搬回来，
他们走过，我也走过，一切都走过，不能被禁止，
一切都被接受，无不使我感到亲切。

当我在市中心散步，走在百老汇大道的时候，也就是在这个地方惠特曼写了一首诗（“人潮涌动，无论白天还是黑

① 译者注：吉多，指意大利裔美国人。

夜！/什么激情、胜利、损失、热情，随波逐流！”），我试图读懂惠特曼的灵魂，因为在某些方面他帮助我了解自己。我喜欢旅行，喜欢闲逛，惠特曼帮助我理解为什么要这么做。像许多美国人一样，惠特曼为这个国家树立了一种理念：没有人比别人更优越，每个人都可以面对面交往。这种民主理念令我印象深刻，并值得发扬光大。当我在外面与人交谈时，我感觉自己仿佛在模仿这种方式，进而形成一种民主的对话模式。

这种理念并不是美国特有的。西班牙语中有句话表达了相近的意思：“Cada cabeza es un mundo”，即“每个人的思想都是一个世界、一个宇宙”。换句话说，我们每个人都很有趣。在这个世界上，有什么事业能够比读懂其他人的思想更伟大？

在写完了两本书之后，当我还住在西部的时候，我来到纽约参加了一个聚会，后来成为《纽约客》编辑的大卫·雷姆尼克这么介绍我：“他是一位靠体验露宿而生活的作家。”我初期的书的主题关注的是流浪汉和外来务工人员之类的人群，不需要花很多钱就能与他们混在一起。通常，在我的生活中，露宿对于我来说是一种冒险体验，所以我认为这是一件好事。冒险体验带来的可能性对我一直具有吸引力，这就意味着拿出一段时间来，走出我的圈子，走出我的世界，以及摆脱我的固有思维。有时候，对此不理解的人会认为我是个傻子，为了更好地写作而把一生的时间用于体验吃苦。有人问我为什么要坚持这么做，我通常的回答都是这样的："不，你理解的不对。我并不认为这是在受苦，我认为这是获得学习新事物的机会。我曾与流浪汉在货运列车上相处，与流动人口同行，在阿斯彭开出租车，担任肉品检验员，有什么能够比这样的经历更好呢？我是认真的。"

当然，困难是难免的。人们并不总是健谈的，也并不总是愿意向你敞开心扉。并不是每个你认识的人都是你愿意认识的人。有的状况让你感到不舒服。这个过程中通常会有漫长的等待和沉闷。你可能会变得孤单，你也许会感到厌倦。毫无疑问，待在家里或穿上好看的衣服去办公室应该是更容易一些。但是，这样一来，生活就没那么有趣了！

举一个很好的例子：当我在辛辛监狱当警卫时，一天晚上我回到家，瘫倒在沙发上，打开电视。我刚经过了漫长的一整天，与倔强顽固、怒气冲冲的囚犯打交道，还有不怀好意的狱警质疑我的一些决定。电视里正在播放总统新闻发布会，记者们看上去穿着考究、机敏，他们看起来非常投入，却不紧张。几年前，我作为《美国新闻与世界报道》的实习生曾去过那个发布厅，也像他们一样。总统每回答完一个问题之后，现场总是又有一段混乱的提问，但是在那个发布厅里没有人会被推搡或打击。每个人看起来或多或少地都是在以议事的方式参与其中，我一度感到很羡慕。

但是，一顿美食和一个热水澡后，羡慕的感觉消失了。我所做的事情是无法预测的，有难度的，有时甚至是令人恐惧的——但几乎每一天，当我回到家的时候，我都看到了或听到了不同寻常的事情，这是我的朋友几乎无法体会的。有一天，当我护送一位年纪轻轻的囚犯走下走廊去看病时，我问起他的"打算"，他说："狱警，我要一直待在这里，直到太阳熄灭。"又有一天，我的一位同事看到一个犯人撞到了我，当时并不清楚这个犯人是否故意碰撞。这位同事反应迅速，要将犯人制服，不惜冒着生命危险。还有，几个月的狱警经历使我意识到，尽管我只是庞大监狱机器中的一个小齿轮，但是我的每一个选择都很重要。正如我在《纽杰克：辛辛监狱守卫记》一书中所写的那样："什么样的人才能穿这个制服，这需要时间的检验，也需要经过冲突的考验。应该成为一个狠角色，还是应该手下留情？做犯人的朋友还是他们的敌人？做一个正直的狱警还是收受贿赂？是使用武力还是开罚单？做一个严格的监管者还是伸出援助之手？这项工作有充分的自由裁量权，而决定如何使用裁量权通常取决于道德。"

我能以其他方式获得这些经历吗？呃，也许可以。但这对我作为一名作家来说意义不大，因为我只是听到了别人的经历，而不是剖析我自己的经历。

开展研究不必像我那样在监狱中秘密进行或者深度沉浸其中而产生有价值的见解。在我所著的《人的道路》一书中有两个章节："西岸检查站"和"尼日利亚的交通"，我陪一名在拉马拉的学生回到他的父母家里进行一次周末探访，他父母的房子在希伯伦，我得以在拉各斯的公路交叉点与救护人员相处了几天。他们都知道我是一名外国记者。在那些场景中（以及大多数其他场景中），我一点儿都无法掩饰自己的身份。关键是，通过与人相处——在遇到挑战的情况下站在他们身边，或者说是与他们朝夕相处——比仅仅通过采访的形式能获得对他们更多的了解。通过与他们一起吃饭、与他们一起旅行、呼吸他们所呼吸的空气，你获得的不仅仅是信息，你获得的是分享的经验。而且你通常会得到有感染力的真实故事。

❀ ❀ ❀

在过去的 50 年里，非小说写作经历了巨大的繁荣，作家们借鉴了小说的叙事技巧，并尝试了创意写作的手法。就浸入式写作而言，1966年至1967年是个分水岭，标志是杜鲁门·卡波特的“非虚构小说”《冷血》、亨特·S.汤普森的离经叛道的开拓性作品《地狱天使：奇怪恐怖传说之逍遥法外摩托帮》和乔治·普林顿开始参与职业体育写作的最著名作品《纸狮子：最差四分卫的自白》。

《冷血》，按照我的定义，并不是严格意义上的沉浸式写作，因为卡波特并没有和书中的写作对象住在一起。但是，这本书中强烈的移情手法接近沉浸式写作的理念。书中的主要人物理查德·希科克和佩里·史密斯被指控谋杀居住于堪萨斯州霍尔科姆的一个家庭，卡波特在他们被捕之后才与他们见了面。尽管如此，卡波特还是认真聆听了他们的故事，尤其是史密斯的生活故事，与他们进行了几个月的交流并建立了深厚的联系。他们的行为可能是十恶不赦的，但他们是复杂的个体，并非只有恶棍这一面。卡波特一举建立了一种讲述真实犯罪故事的新型写作类型，《冷血》成为叙事写作的杰作。他在重建场景和对话中的灵活写作手法在今天的非小说类作家中引起了非议，但这只是一个微不足道的反对意见。回顾过去，这本书震撼了新闻界，使之警醒，为我们这一代作家开辟了一个充满无限可能的世界（值得一提的是，等待和见证犯人被处决，并把处决作为书的结尾，对卡波特来说是个沉重的打击）。

尽管亨特·S. 汤普森的《地狱天使：奇怪恐怖传说之逍遥法外摩托帮》与上述书有所不同，但以上说法同样适用。这本书中有一个第一人称叙述者汤普森，他公开认同写作对象表现出的非社会主流思想，尝试做一些和他们也会做的违法行为（例如吸毒），而完全不追求同时代记者通常所追求的社会地位。他愿意在一年中花大部分时间参加地狱天使帮的活动，这表明他作为叙述者的离经叛道、时髦前卫、反主流文化。他在这些活动中还冒着被写作对象欺负的风险（在受到地狱天使帮的一群人殴打之后，他结束了在这个帮派的体验活动）。

汤普森的这本书最初是为《滚石》杂志撰写的，这本杂志是多年来沉浸式写作的重要孵化器。蒂莫西·克劳斯的《公车上的男孩们》（1973 年）也是如此，本书讲述了 1972 年美国总统大选时记者们的生活。克劳斯的书中内容与汤普森的出言不逊和虚张声势相呼应，有助于引起读者对内部人士“幕后故事”的兴趣，就像盖伊·特立斯的《王国与权力：震撼世界的〈纽约时报〉》（1969 年）。

此类书中的第三本是乔治·普林顿的《纸狮子：最差四分卫的自白》，它与以上两本书有很大的区别，但同样具有里程碑意义。这本书的构思很简单，却很引人入胜：普林顿是有点儿英国式蓝调的人，颇有文学造诣，他曾经与别人共同创立《巴黎评论》。他加入了底特律雄狮足球队，参与了季前训练，虽然球技欠佳，造成了滑稽效果，但这段经历使得他可以近距离观察运动员的杰出品格、他们的狂欢作乐以及其他一些团队活动。虽然这不是他第一次参与职业体育活动（他在 1961 年出版的《高攀不上》一书中描述了他在垒上向美国联盟队和国家联盟队投球的过程），他的参与很快就广为人知。如今，《纸狮子：最差四分卫的自白》对于一定年龄段的读者来说，实际上已经成为“沉浸式写作”的代名词。（体育作家弗兰克·德福特和我曾经拥有同一个文学经纪人，当这位经纪人在社交场合介绍我最早出版的两本书时，德福特大声说道：“你是什么人？是无产阶级者乔治·普林顿？”）

另一个里程碑式的作品是汤姆·沃尔夫的《酸性测试》（1968 年）。美国东海岸的一位记者前往西部，遇到了 19 世纪 60 年代的名人肯·凯西，他们同乘一辆车身满是夸张图案的大巴，与绰号为“快乐恶作剧”的追随者们一起四处旅行。除了“快乐恶作剧”的吸毒实验外，沃尔夫还进行了文学创作的实验，在融入这群人的同时也把自己从他们中分离出来。“尽管我带着怀疑，但是突然感受到了他们的情感”，他很早就这么写道。沃尔夫后来称这种做法为“沉浸报道”，这是新新闻主义的发源之一。这种研究风格要求新闻工作者不仅要凭着专业的超然态度观察，而且要与他的研究对象一起旅行，与他们进行长期接触。

沃尔夫 1979 年出版了关于美国首个载人航天项目水星计划的宇航员的书《真材实料》[①]，再次展现了他渴望读者能够更多地了解标题和图片背后的故事。在星座故事中，宇航员是新型的英雄，超级飞行员是从飞行员中最优秀的那部分人群中选拔出来的。但是，深入这些飞行员的圈子里，沃尔夫了解到了不同的东西：一个宇航员坐在微型的太空舱里，没有多少控制仪，宇航员们私下里把这称作“罐装午餐肉”。沃尔夫与宇航员及其家人共度了一天又一天，他得到了认可，从而得以记叙宇航员的另一面。他讲述的内幕令人感到直观而真实，其中关于宇航员鲜为人知的兄弟情谊并没有把他们拉下神坛，而是似乎使大多数读者更加喜欢他们。沃尔夫使宇航员们显得容易接近和更有人情味。

沃尔夫具有不同寻常、自命不凡的写作风格，以至于人们可能会认为《真材实料》和他的其他非小说类著作是用第

---

① 译者注：又译《太空英雄》或《太空先锋》，曾被改编成电影。

一人称来写的。但是，从他的一些文化类作品《激进政治时尚族 大反贪官矛矛党》（1970 年）和《紫手套和疯子 混乱和葡萄酒》（1976 年）来看，第一人称的写法越来越少了。他在现代艺术的评论著作《画出来的箴言》（1975 年）、《从包豪斯到我们的豪斯》（1981 年）以及《真材实料》中，都没有使用第一人称。

如今，一些最出色的沉浸式作家也纷纷效仿。约翰·麦克菲、特蕾西·基德、阿德里安·尼科尔·勒布朗，以及凯瑟琳·布都倾向于使自己置身于故事之外。其他一些作家，包括我本人在内，则更多地把自己作为书中的角色之一。乔恩·克拉考尔、塞巴斯蒂安·荣格尔，芭芭拉·艾伦瑞克、杰夫·沙利特、托尼·霍维茨、利斯·哈里斯等许多作家经常在作品中通篇使用第一人称。

但这并不意味着这些书写的是我们自己的故事。在沉浸式新闻中，在叙述者本人的故事之外，总有一个写作主题。沉浸式作家可能会根据自己的经验开展调研（通常是作家精心设计的一种调研形式），但视角会更广阔。当然，个人经历也是回忆录作家写作的源泉。但是，回忆录作家与我上面提到的作家之间有着明显区别，而且在我看来两者的区别是相当分明的：经典的回忆录讲述的是我所经历的事情，而不是我积极研究并得以写出来的事情。当然，近年来，回忆录的写作蓬勃发展，现在不仅包括对我生活中发生过的事情的真实记载，而且还包括对我所创作的事情的记载。伊丽莎白·吉尔伯特为了写作《美食，祈祷，恋爱》一书而访问意大利、印度和印度尼西亚，我们的确能从她的书中了解到这些地方，但是书的真正主题是她从离婚中恢复过来，这是《美食，祈祷，恋爱》被称作回忆录的原因。另一方面，芭芭拉·艾伦瑞克的《我在底层的生活》具备了被称为“作家自我发现历程”的基本元素。艾伦瑞克作为服务员亲自去体验、探索美国最低收入者的生活。她自己的经历和美国电影《主要证据》[①] 相似，但她关注的重点始终是外部的——和她一样的服务员和清洁工，而不是仅仅关注她自身。这就是沉浸式写作。

浸入其他文化的方式是多种多样的。大学生在国外生活一年就是沉浸的一种方式，当然，前提是要和与自己不同的人群相处。我第一次去墨西哥的长途旅行是与高中同学一起去的，持续了 3 个星期，我的大部分记忆都是我的美国同伴。寄宿在瓜达拉哈拉的一个家庭里是整个旅行的亮点，我和两

① 译者注：《主要证据》描述了一个美国家庭在经济压力下破碎的故事，事态进而发展到无法想象的地步。人们通过女儿朱迪丝的摄像机见证了恐怖事件的发生，而摄像机的内容成为主要证据。

个同学住在一位50多岁寡妇的房子里。尽管我们尝试和她说西班牙语，但大多数情况下我还是用英语和自己的同学对话。这次经历很愉快，但我没有学到什么东西。次年夏天，我们在西班牙，每个人住在一个不同的家庭里，并不是每天都能见到自己的同学，这个项目令我收获很大。这两次经历就如同入门课程一样，我在大学学习了两年之后，一个人再次来到西班牙小镇。我在当地的一个香肠工厂工作，然后与两年前分手的前女友交往。

沉浸式写作意味着要离开家，或至少在外面花费大量时间，用于每天与写作对象接触，了解他们所面对的问题。由此而产生的写作消除了那些肤浅的新闻批评，从不同的层面提供了解决方法。沉浸这种方式告诉读者：这不是信手拈来。我所做的不只是引用了写作对象的一句话，而是在他们身边倾听着；我从多个维度了解他们，而且我了解的往往要比我笔下的内容多出许多。因此，我的报道是有权威性的。这样的记者被视为敬业的人，他们首先是对写作对象全身心投入，其次是对报道技巧的追求尽心尽力。

沉浸式写作的另一个好处是令人感同身受。与不相干的人相处一段时光是一件不容易的事情，尤其是作者不仅要把他们当作写作对象来交往，而且还要把他们当作普通大众来交往。作者必须以一种真诚和细微的方式来理解别人的观点。这赋予作者人性化的声音，也让故事的讲述更具说服力且平易近人。

尽管“和别人出去交往一下”听起来很容易，但是我们称之为沉浸式的、精心设计的、长时间深入的交往却是很困难的。我们大多数人可以容忍任何人半小时，但是一整天呢？几天呢？或者是数周、数月呢？那就另当别论了。你和写作对象待在一起的时间越长，你就会觉得越有趣。有趣，不一定意味着感到愉快，正如比尔·布福德的著作《在恶棍之间》所描述的，与喝醉了的英式足球小流氓混在一起，会令人感到十分恐惧。远离自己的圈子会使人有思乡情结。但是，如果我选择以第一人称的方式来进行写作，并且在沉浸过程中明智、审慎，那么收获将是巨大的：我是一个富有同情心的叙述者，是读者的替身，是尴尬的见证人。如同日常的坏消息一样，沉浸的过程越糟糕，阅读起来就越有趣。

❀ ❀ ❀

我提到的所有书籍都是所谓沉浸式写作的近代祖先。但是其 DNA 的历史可以追溯得更加久远，与一些表亲们拥有同样的DNA。沉浸式作家有时会承认他们是家庭成员，但有时不承认。

我刚上大学时就偶然发现了其中的一个表亲，即人种志。当时我上了一门人类学入门课程，我喜欢这门课，它如哲学般令人费解，却有所不同，它不是在研究欧洲文人的思想，而是在关注世界各地不同民族是如何理解生活的，目标是实现对我们自己的深刻理解。它的经典研究形式是将自己沉浸在异国他乡，从而了解那个地方。实地考察研究使我想起了我当记者时所进行的报道。但是，这种研究更加深入，花费的时间更长，调研难度更大，并且以这样的想法为基础——即使“不重要”的人物也值得与之交谈。对我来说，这似乎更有意义。

我的教授让我们阅读一些经典的人种志——从实地考察调研中产生的对各种文化的描写。从传统上来说，人种志描述的是偏远地区在文字出现之前的文化，但是其内容几乎涵盖了我们作为社会人的生活的各个方面。近期，人种学研究了当代亚文化的各个方面，从蓝调酒吧、杂耍表演到吸毒者和空姐，从公司社团到动物收容所。我发现其中许多研究令人着迷，选修了更多的人类学课程，并且阅读了更多的人种志。通常它们将描述与分析结合在一起。我了解了南太平洋地区的送礼风俗、亚马孙流域的宗教之战、犹太人和穆斯林不食猪肉的原因，其他文化如何看待青少年和性的关系，兔子在民间故事中可能代表什么，以及一门语言如何反映世界观等。

从字里行间了解人种志专家的沉浸式体验对我来说是件乐事。最近的人种志时常阐述沉浸式体验，但是传统的人种志通常没有涉及。我想了解那些研究人员的生活，他们自愿离开自己的文化长达数月或数年，像外星人一样不请自来，在某些情况下，被当作外星人一样对待。

参与式观察，是一个从人种学演化而来的艺术术语，用来描述一个人融入异国文化的过程。这种方法简明扼要地捕捉了现场作品的紧张局面和戏剧性。人们从外部开始观察，通过书籍、文章、电影、语言研究、其他人的故事等远距离地进行了解，然后人们进入内部了解。调查人员从什么时候算是开始参与了呢？是在码头上，还是在下船的时候？是在第一次与写作对象接触的时候？还是在第一次进入他或她家的时候？我认为，调查人员遇到文化冲突的时候就开始参与了，从调查人员开始对汤的味道、下雨的感觉、打招呼的习惯、动物的亲密关系以及性别角色和说话的声音等问题做出自己判断的时候就开始参与了。对我来说，可以用一条直线和直线两端的极点更好地表述参与式观察：

观察者——————参与者

一个人从观察者开始，沿着直线标尺移动，逐步成为参与者。你可能会认为，最终到达远端的这个极点是成功的衡量标准，但实际上对于专业人士而言，这往往是失败的标志，因为这就意味着你已经完全认同自己的写作对象，而不再认同你的同事或者你以前的圈子。你找了个当地人做你的配偶，你的当地语言达到了流利的程度，并且当你看到猴子大脑形状的蛋糕的时候，你不仅不害怕，反而希望吃一口。你已经“本地化了”。

换句话说，两个极点都不是你想要到达的位置，你想要的是两者之间的张力；是一部分保留在你的圈子中，而另一部分处于圈子之外；是随着经历而改变，将他们不仅视为“他们”，而且在某种程度上视为“我们”。这些内容是丰富的智慧成果（如果这些内容并不总能给人情感上的安慰的话）。

人种志和新闻学追求的内容非常不同。人种志是对社会科学家特别感兴趣的人类社会生活问题的长期研究。新闻学是针对受众广泛关注的时事而进行的研究（通常称之为“报道”）。我从未接受过人种志方面的正式培训，而且也不觉得我的新闻工作会因此而受到影响。但是，人种志作为一种看待人们长期的生活和社会活动的模式吸引了我，许多知名记者的作品也是如此。塞巴斯蒂安·荣格尔是《完美风暴》和《战争》的作者，他写了一篇关于纳瓦霍部落的长跑运动员的本科论文（荣格尔曾经和他们一起跑步）。他给我们上课的时候说，人类学“给了我一种看待世界的完整方式”和“理解人类如何交往互动的工具……我一生都在为之探索”。阿德里安·尼科尔·勒布朗的著作《随机家庭：关于纽约布朗克斯区的爱情、毒品、纷争和转折》，常年追踪多个家庭的生活，被社会学专业的人种志学家作为榜样。安妮·法迪曼的著作《鬼怪抓住你，你就跌倒了》在描述加利福尼亚移民的世界观时大量借鉴了人种志学家的工作，重视人种学的见解，但是她自己的作品避开了学术语调，既时尚又有趣。许多顶级非小说类作家，包括特蕾西·基德、威廉·芬尼根、亚历克斯·科特罗维茨和凯瑟琳·布，都相信沉浸式深入研究带来的好处，而这项研究基本上是人种学的研究，只是没有使用“沉浸”这个词。

在后面的章节中，我将再次介绍人种志。当涉及思考在研究环境中要成为什么样的角色、如何成为这样的角色、提问什么样的问题以及其他事项时，我发现人种志是很有帮助的。

❀ ❀ ❀

沉浸式写作的另一个表亲是旅行文学。我最初写的两本书是关于我与流动人口相处的经历，我无意间成了某种意义上的旅行作家。我在许多书店的“旅行”板块中看到《漫无目标地前进》和《草原狼》被摆放在“旅游”书架上，有时靠近旅游指南，有时靠近保罗·泰鲁的作品或者是彼得·梅尔的《普罗旺斯的一年》。这不是我所期望的（尽管我并没有太在意图书分类），但话说回来，我又进入了一个陌生的世界，挖掘一些素材，四处旅行，用旅行写作的第一人称方式讲述了我的这些经历。

非旅游旅行（即按照自己规划的行程缓慢地进行旅行）与沉浸式写作有很多交集。在欧洲殖民主义兴起之后，旅行写作开始兴起，一些杰出的旅行作者是大英帝国不安分子的代表，例如理查德·弗朗西斯·伯顿爵士。伯顿在 1842 年被牛津大学开除之后，加入了东印度公司的军队，他之前已经精通了几种语言，而后又学了几门语言。他对当地的习俗感兴趣，被军队的同事们视为怪人，他们称他为“白人黑鬼”。1852 年，伯顿获得了皇家地理学会的支持，去探索阿拉伯，他的秘密计划是去麦加朝圣。1853 年，他启航前往开罗。在那里，伯顿伪装成来自阿富汗的刚接受了割礼的普什图人（有助于解释他的古怪举止），以隐蔽的身份开始了一段旅行，并因此而闻名于世。他的两卷个人叙事集《走向圣城》是沉浸式旅行写作的重要实例，着重对当今所谓的文化（人类学作为一门学科仍处于起步阶段）和冒险经历进行了描述。

乔治·奥威尔从伊顿大学毕业后不久就在大英帝国在缅甸的警察局任职（在英国的统治下，缅甸是印度的一个省），他的写作成长来自他为英国在印度的政权机构服务的经历。他的传记作者评论说，奥威尔担任警察一职的时候颇为恼火——当地人讨厌他，而他讨厌帝国。像伯顿一样，他也以局外人的身份一个人体验当地的生活，参加克伦邦的教堂活动。奥威尔于 1927 年返回英国，不仅患有登革热，而且每个指关节上都有蓝色圆圈文身，缅甸的农村习俗相信这样的文身可以防止子弹和蛇咬。这一经历为他的第一本小说《缅甸岁月》（1934 年）和著名散文《射象》（1936 年）提供了素材。当地人要求身为警察的奥威尔杀死一只乱跑的大象时，异乡者的身份使他陷入道德窘境，沉浸式叙事中蕴藏的丰富脉络就凸显出来了。

就在这个时刻，就在我手中握着那支步枪站在那儿的时候，我第一次看到了白人在东方的统治的空虚和无用。我这个手中握着枪的白人，站在没有任何武装的本地群众面前，表面看起来似乎是一出戏的主角，但实际上我不过是被身后这些黄脸人的意志所推来推去的一个可笑的傀儡。我这时看到，一旦白人开始变成暴君，他就毁了自己的自由。他成了一个空虚的、装模作样的木头人，成了常见的白人老爷的角色。他的统治使得他一辈子要尽力锁住"土著"，在每一个紧急时刻，他非得做"土著"期望他做的事不可。他戴着面具，日子长了以后，他的脸按照面具的形状长了起来，慢慢地与面具吻合无间了。

其他伟大的旅行作家更感兴趣的是捕捉氛围，一种地方观念——以感官、历史启示以及其他方式来描述他人。这些旅行作家包括简·莫里斯、劳伦斯·杜雷尔和布鲁斯·查特文。有的时候，作品里有作家的个人故事；而有的时候，作品里讲述的是旅行，是一种探索。

旅行写作正在发生变化。罗伯特·拜伦在《前往阿姆河之乡》（1937 年）中描述的偏远建筑宝藏可以在维基百科上查看；喜欢探索的退休人员可以探访其中的大部分建筑；如今当地人用他们的照相手机和网络可以发出自己的声音，这在过去是无法实现的。世界上充满了新的对话，新的人在交谈，书籍不再是向人们介绍世界上遥远地区的唯一方式。

然而，一个人被陌生事物所包围的经历与一个人融入其他文化的戏剧性经历相较而言，二者都具有持久的吸引力，一个独行的叙述者仍然可以通过写作来实现其他媒体作者所无法获得的准确性和亲密性。为了吸引读者，写作内容必须是优质的，写作经历必须是深刻而持久的——简而言之，就是沉浸下去。浮于表面、参观访问是达不到预期效果的。不妨利用下面几个问题进行测试：作者总是和与其一样的外国人待在一起吗？作者是否不会说也不学习当地语言？是不是应更多地关注作家的“个人旅程”，而不是他对于人物和地方的认知？

和平队[①]的记叙方式是旅行写作的分支，这种记叙方式往往都能满足以上测试标准。约翰·肯尼迪总统于 1961 年在电视上宣布成立和平队时，他可能没有想到大量志愿者在异国的两年经验会形成文学作品的素材。

这种现象的原因之一在于和平队的经历是沉浸式写作的金矿：和平队作家不是只经历过一场匆匆而过的旅行。他们

① 编者注：和平队是美国政府为在发展中国家推行其外交政策而组建的组织。

总是一个人在遥远的地方，与家里人几乎没有联系。如果他们想要拥有社交生活，就需要与当地人联系。他们必须吃当地人吃的东西，在当地人睡觉的地方睡觉，这几乎就像一个从事人种志研究的军团。

和平队的志愿者写了五本书，尽管其中的两名志愿者没有能够完成任期，却提供了在遥远他乡成功呈现两年经历的五种方法。

其中，最好的作品之一是彼得·海斯勒的《江城》（2001年）。海斯勒毕业于普林斯顿大学，学过汉语，被派到四川省工业城市涪陵市（现重庆市涪陵区）教授英语和美国文学。他就职于涪陵师范学院（现长江师范学院）。但是，海斯勒这样说："对我来说没有比这更好的工作了。我的学生渴望学习、尊重他人，而且他们很聪明。"

事实上，我乐于在底层学校里教书，因为这里的学生身上有我从未见过的未经打磨的品质。在我去过的所有地方，教育都太早地迈过了这个门槛——在美国，连高中生都谨小慎微、愤世嫉俗，甚至疑心重重。教育是一场游戏，学生则是玩家，但涪陵的学生还没有到这个份上。他们的才智还未成熟——带有乡村的气味，带有夜幕下的泥土和成熟的油菜籽的气味，带有所有来自四川乡下农田的气味。他们的思想中闪现的是土地，瞥见的是师专周围同一类的厚实美丽的土地，以及校园外一片片伸展到插旗山边的梯田。

海斯勒利用每一个机会——在回答学生提问时、从他们的作业中、从与他们的观点分享中获得素材。他了解到自己所在的学校是中国共产党的领导的：反映在他的学生对罗宾汉的评价中、他的教材里对英国和美国的描述中，以及在“我所有的学生都知道马克思”的话语中。海斯勒在了解中国的过程中带着同理心和怀疑论，将我们带入这个场景里。

莎拉·埃德曼在象牙海岸一家诊所的两年工作经历与在海斯勒的中国工作大不相同，她的作品《九山到南邦卡哈：深入非洲村庄的两年》（2003 年）更加深情，但少喧闹。在所有这些作品中，埃德曼描述了在一个村庄多元化的经历，以及她在该村庄的艰难处境。埃德曼并不想证明什么，并且完全愿意揭露自己的失误。她怀疑自己和当地乡村妇女之间的友情究竟是不是真的。一方面，她是一名协助正式护士的卫生员，她在当地提供了远超出她的专业范围的帮助。通过阅读她的《助产士接生手册》，我们得知她完全能够帮助初产妇生产——母亲的胎盘跟着婴儿出来，但是脐带仍然附着在子宫上。而另一方面，她因为对待小狗的方式与其他人不同，从而惹上了麻烦。

> 一天下午，达乌达来到我的院子里，冲着小狗大步流星地走过去，猛打它的鼻子。我把他赶了出去。打狗是被明确禁止的行为。他很生气，他也知道自己做错了。晚上的时候，他还是到我这里（之前安排的阅读课），但是我筋疲力尽，我的头阵阵疼痛。我对屏风外的男孩子们说："对不起，但是你们可以离开吗？……"（他们没有离开。）

最后她只能用英语大喊大叫："你们能不能回家去！"孩子们都安静了下来。他们的自尊心受伤了。她花了几天的时间才弥补了这件事情造成的影响。我确定还有其他读者跟我一样，觉得我会做出与她一样的反应……而这正是第一人称叙事所希望实现的。

克丽丝·霍洛韦的作品《莫妮卡的芒果雨》（2006 年）也很引人入胜。霍洛韦写作简练，不像埃德曼那样用现场感来引导读者进入她的写作之旅。相反，霍洛韦以书中的主角为中心，即她的同事莫妮卡·登贝莱。作为一名乡村助产士，莫妮卡的日常工作内容都是生死攸关的。因此，霍洛韦记叙的内容很大程度上都在关注妇女的健康问题，以及令妇女怀孕、贫穷、不健康的社会因素。霍洛韦是一位直截了当、不说废话的叙事者，虽然段落短小精悍，但意义深远。

我记得她。她身材高大，但憔悴不堪。她的脑袋很大，眼睛水汪汪的，曾经有力的手臂在绷带上悬着。我坐在她旁边，给她可乐果，从葫芦里喂她喝小米啤酒。我握住她的右手，却没有想到这只手曾经切除过女孩的生殖器，她曾以此谋生。

乔治·帕克笔下的《等待的村庄》（1984 年）描述了多哥附近的不同情形。与埃德曼和霍洛韦不同，帕克并不真正喜欢那个地方。当人非要称他为“白人”时，他有点儿恼火。在此类书籍中，都有关于白人遇到这种情况的描述。他被派到当地学校教英语，书中描写他教书的场景并不多，而且我们也不想了解他的学生。他很快学会了当地的语言，但是这似乎并没有帮助他与村民建立起深厚的联系。我们看到书中有几位讨人喜欢的人物，但对他来说似乎都不重要。此外，他的传奇经历还包括他发现有人侵入他的公寓并且偷窃了物品。他最终抓住了小偷，并向当地首领告发了他，当地首领不愿采取行动，但是迫于压力还是将小偷绳之以法了。

帕克擅长的是考虑全局。在书里的第二句话中，我们了解到他毕业于耶鲁大学。不知何故，他并不关注非洲教育。像其他志愿者一样，他对同僚的权力主义风格感到有些沮丧，但与他们不同的是，他的批评更加猛烈。他写道，这所当地学校充满了舶来的殖民地教育的不良残余，充满了愤怒和屈辱，充满了官僚作风，每个人在这里都是注定要失败的，这里是失败的根源。非洲人把自己打扮起来，黑人模仿白人时却显示了自己的不足，满足了欧洲殖民者感到自己的优越性和重要性的古老需求，满足了独立政权主持所谓的“发展”而不失去权力的需要。即使在黑人政府的统治下，对黑人的蔑视也没有被遗忘。

帕克并不笃信志愿者工作的价值，而是分析了这项工作的成效，他感到像他这样的志愿者可能无法改变体制性事务。令他感到沮丧的是，自己留给当地的价值更可能是“一些水泥板、几个节油的泥土炉，以及给孩子们教一些英语”。他在书的后三分之一处写道：“我开始第二年教学的时候，敏锐地感觉到，事不关己，高高挂起。”他在那年结束之前就应该离开了。

帕克后来成为《纽约客》的撰稿人，经常撰写有关政治和世界事务的文章。他的早期富含思想性的作品表明，并不是有关成功的文章才值得写，关于困难的文章也可能很有趣。

汤姆·贝塞尔对于完成未竟事业的想法造就了《追逐大海：迷失在中亚帝国的幽灵中》的前言——“作者寄语”。

我从未后悔离开乌兹别克斯坦。实际上，这对我来说是件好事，我很幸运地进入纽约一家出版公司任职，这份工作成为我20多岁的那些岁月里努力的事业。尽管如此，我过早地离开乌兹别克斯坦（原定26个月的工作期限，我只待了7个月的时间）可能是我一生中最大的失败。我带着一种特殊的复杂感情回过头来看这次失败，发现它对我个人也没有造成负面的影响。这个反省令人心痛，让我认识到自己无法解释自己的行为，其他人就更无法理解了。

《追逐大海：迷失在中亚帝国的幽灵中》是和平队的回忆录和文学旅行冒险的混合体。《哈珀》杂志要对咸海进行报道，因此有了这次旅行。咸海由于引水工程，在过去50年来几乎消失了，这是一个人为的生态灾难。这本书的大部分内容都在讲述他去那儿的途中发生的事情。

贝塞尔在塔什干见到了呆头呆脑、常说俚语的翻译——鲁斯塔姆，他的这位翻译常把他称为“老兄”和“兄弟”。

他还重访了寄宿家庭，与派驻在当地的和平队志愿者相处。他的旅行类似罗伯特·拜伦风格，展现了对建筑的鉴赏；呈现出不断发展的新新闻主义的特征（鲁斯塔姆在这方面的优势得到了很好的发挥）；他笔下的旅行记录是独立成篇的回忆录(贝塞尔曾在当地有个女朋友,他回家之后就与她分手了。当寄宿家庭里的母亲拿出她保存的他女朋友的照片时，贝塞尔感到很惊讶。她问：“你结婚了吗？”“你戴了结婚戒指吗？”)。文章的风格始终诙谐有趣、原汁原味、令人愉快。“卡姆兰的开车速度大概是每小时 310 英里。”“司机卡姆兰被捞起来的时候看起来像是喝醉了，或许还吸了毒。他的眼睛看上去都是眼白，目光似乎固定在某个引人注目的方向上。”致谢部分的最后一行显示为“感谢洛哌丁胺 A-D①”。

贝塞尔和帕克未能完成在和平队的两年服务，但是这个经历成就了他们的写作。他们的书的与众不同之处在于内容格外引人入胜，失败并不仅仅意味着失败。《追逐大海：迷失在中亚帝国的幽灵中》告诉我们，深入地洞察事物只是沉浸式体验的一个优点，此外还有体验中的互动、体验本身带来的回报、启发写作的各类激励因素。

---

① 译者注：洛哌丁胺是一种止泻药。

❀ ❀ ❀

关于什么是沉浸式写作，我可以列举出一些例子。在继续讨论之前，这里有一些我认为并不是沉浸式写作的例子。

其中，有最近被称为沉浸式新闻的例子。这是一种通过3D游戏和虚拟现实，包括使用头戴式设备等方式，力图达到“栩栩如生的新闻”的效果。这种方式通常通过高清晰度的音频和视频、观众与新闻内容的互动，以及改变视角来满足内容的需求，例如，拍摄全景或通过移动智能手机来观察360度全景，从而唤起人们在现场的真实感。它不仅需要新闻工作者的才能，还需要计算机和视频制作专家的技能。这样的工作让我很感兴趣，但不是我从事的事业（至少现在不是）。

还有，作家设计一个情景并叙述在此过程中的经历的写作手法，我并不认为可以算是沉浸式写作。例如，尝试按照《圣经》中的规范生活一年，或者花一年的时间阅读完整个《大不列颠百科全书》或《牛津英语词典》（这些创意都有人已经完成），并为一本书讲述生活方式的实践。我乐于和乔尔·德弗纳坐下来聊一聊他的作品《同性恋：我想成为有史以来最具同性恋特征的人 最终我成了这样的人》中涉及的研究，我高兴与作家玛丽亚·达瓦娜·黑德利结识，她是《约会的这一年》的作家，书中描写了一名女性决定在一年的时间里接受所有的约会邀请（您怎么能不佩服这么愿意尝试的人？）。其中，有一部分作品超越了刻意设计，成了不错的回忆录。但是这些作品通常是从自我发问的，写作的目标不是去了解他人。

回忆录是沉浸式写作的另一个表亲。回忆录作家讲述的是有关生活经历的故事，沉浸式作家也是如此。但是回忆录作家把自己置于首位，而他们在生活中实际的经历成为他们写作必不可少的素材，而不是他们为了理解别人的生活而去体验的经历。也就是说，第一人称是回忆录的常用方式，可以在沉浸式写作中发挥很大的作用，我将在整本书中对它进行讨论。

在把自己扒火车的经历形成文章的同时，我还申请了一些研究生奖学金。我获得了去英国读书的奖学金，去读了两年；如果我选择继续攻读博士学位，则可以读三年。我的几个同学选择了读三年，但这对我来说不太合适。所以，第一学年末，当《漫无目标地前进》的第一版书稿寄到了学校的时候，我开始思考，想再一次进行这样的体验。

我有个主意。在扒火车的经历中，我几次遇到同样扒火车的墨西哥移民。火车上那些在美国出生的流浪汉往往对墨西哥人不屑一顾，但在我看来，从某种程度上说，墨西哥人是美国流浪汉传统的真正继承者：为了工作而迁徙。我越思考这个问题就越觉得，与墨西哥移民一起旅行应该是我的下一个项目。

1985 年夏末，我来到墨西哥中部克雷塔罗州，试图从当地人的角度来了解他们移民到我的国家的含义。我寄宿在当地的一个家庭里，这家的主人是一个农民，在 19 世纪 60 年代曾到美国赚钱，这个移民浪潮持续到 20 世纪初。该地区的许多男人，甚至可以说是绝大多数男人，以及越来越多的女人，都曾到美国打工。他听着我向这些人提问，问他们如何成功地越过边界，以及那是种什么感觉，他看着我把回答都写满了笔记本。最终，他厌倦了听我问同样的问题。我对合乎逻辑的下一步感到畏惧并开始拖延，我想他是知道的。有一天，当我们离开邻居家时，他说："看一次总比听很多次好。"他对移民的步骤是很熟悉的——当然，他会因为事关重大而感到紧张，但是他的同龄人中有一半已经尝试过了。对我来说，在墨西哥的体验是陌生的，从我的角度来看也是冒险的，而他的行程并不危险。我白皙的肤色会让我在当地脱颖而出，引人注意。我对自己说，提问的问题能够帮助我做好准备。但他不需要再问别人了。他说，免去那么多问题，直接去做就行。自己跨越一次国界。走起！

这真是个好建议。

II. 选择一个主题 寻找切入点

除了那些在社会交往中曾经与他同吃、同饮的人外，别的人是无法撰写他的传记的。

——塞缪尔·约翰逊，1772 年

书法家和她的鹅毛笔，石匠和他的凿子，地板抛光工和他定制的砂光机，小提琴家和她的斯特拉迪瓦里小提琴，爵士吉他手和她的吉布森吉他，定制裁缝和他的剪刀……

如果有一家大型全国性杂志叫作《手艺和工具》，我会为这样的杂志撰稿。对于从事专业技术的人与他们所珍视的劳动工具之间的关系，我似乎比任何人都感兴趣。我很喜欢20世纪70年代畅销书的名字——《禅》和《摩托车维修艺术》。我看到一个有钱人买了一辆昂贵的自行车，而他将这辆自行车闲置，这伤了我的心。如果有可能，我会跟《手艺和工具》

的编辑在碰面时讲述这个故事：刀具对于从事肉类加工的人们来说非常重要。我曾经与美国农业部牛肉产品的检查员一起工作，在内布拉斯加州的嘉吉肉类加工厂工作的时候，我发现他们对刀鞘中的刀具格外注意。他们整天的工作是把牛肉切成各个部分：头部、舌头、内脏和大的悬挂面，然后将牛肉挂在冷链上，再运送到冷却室。切肩胛部牛肉的工作很辛苦，如果刀片变钝，那就又给工作带来了困难。他们抽空用钢磨把刀的边缘磨一下，哪怕是肉品在链条或皮带上通过的几秒钟的时间里。

其中一位名叫特里的检查员是美国本地人公认的磨刀大师。当我的刀被钩子、骨头或者钢制平台划伤的时候，都是他帮我解决了大麻烦。在我看来，刀锋具有古老而神秘的特质，每个熟练使用刀具的人都有自己的故事，比如，年轻的亚瑟王从石头上拔出剑。我使用刀具的历史始于父亲在我去夏令营的前一个月送给我一把折叠刀，并举行了一个正式的仪式。这是我的第一把刀，仪式意味着我成年了（你必须成年了才能负责任地使用刀具，我认为现在也是如此）。为什么特里如此熟悉刀具，而他的同事却做不到？他是如何做到的？

唉，可是我们并没有《手艺和工具》杂志，倒是有一本叫作《刀刃》的杂志，基本上完全是关注刀具本身的。《纽约客》

曾经发表过一篇关于刀具制造商的长篇文章，看样子他们也不会对这个话题持续关注。我找不到可以发表关于刀具的合适刊物，就不想在此过多描述特里的故事。这是否意味着如果没有一种合适的杂志来刊登你的文章，你就不去把故事写出来了？

我真的无法回答这个问题，因为我们每个人都有各自写作的理由。写作在大多数情况下不会使你变得富有，因此我想说，对于写作主题的首要要求就是它能够激起你的兴趣，缺乏这一点就无法写作。在几天、几周甚至几个月的时间里，这个主题很可能一直在你的脑子里。如果作者不是真心在乎这个主题，那么读者也不会在乎。

头脑风暴

讨论沉浸式写作时，第一个问题就是：你对哪类人感兴趣？你一直想了解谁的生活方式？谁的观点让你感到困惑、使你烦恼或者让你感兴趣？想象一下你梦想中图书馆里的书籍和文章都是关于什么内容的？我在这里谈论的是头脑风暴，因此不要只局限于一个出版物，设想一类适合你的出版物。你要大胆思考，并扩大思考的范围。如果……会不会很有趣？

或者如果……就会很棒？然后进行下一步，让你的想法变为现实：写下来。

职业作家考虑的下一个问题是：关于写作主题的思考中，哪一个与时代思潮有关——在本周以及可以预见的未来，新闻中有什么？电视上有什么？人们在谈论什么？（因为优质的写作会花费一些时间）时事性主题并不是优秀的写作创意所必须具备的，但是它对于作品的发表将有所帮助。例如，关于无国界医生的文章可能会在流行病时期引起更多兴趣，关于退伍军人的文章可能会在战争时期获得更多关注，改变性别、校园暴力或关于职业运动中的伤害、毒品和金钱的话题都是某一时期的热点。

当然，如果你是学生，主要目的是写作实践，而不是出版作品，那么就无须考虑话题的时事性。此外，时事性对于某些写作项目也是无关紧要的。当我决定扒火车去调研的时候，流浪汉当然不是个新闻（曾经有新闻报道无家可归的人，但是我的主题与此并不直接相关）。模糊的主题甚至可以引起人们的兴趣。我要指出的是，没有人比作家苏珊·奥尔琳更加理解这一点。她不时地追求另类的、无用的话题，并使它们变得有趣，例如一个来自新泽西州的 10 岁男孩、一个位于纽约皇后区的独立杂货店、一个从佛罗里达州立公园偷走兰花而陷入困境的人。奥尔琳的天赋在于接受平凡的事物，并以她的观察和表达方式使其与众不同。

奥尔琳总能在新闻中读到一些令她感兴趣的内容，从而形成非新闻领域的写作主题。1995 年，俄克拉荷马城的阿尔弗雷德·穆拉联邦大楼被炸毁后，奥尔琳在给我的信中写道：

新闻报道经常提到蒂姆·麦克维（投掷炸弹的那些人当中的一个人）住在拖车的停车场，我对此感到颇为惊讶。这样简单的报道似乎认为大家都明白拖车停车场是什么概念，但是它引起了我的兴趣，每当我想到这则新闻报道，我便意识到我完全不知道住在拖车场里生活会是什么样的。我想写一个关于拖车停车场的故事，但是这个主题不是一类时兴的话题，故事将难以推销给读者（《纽约客》对我的提议非常包容）。尽管这则新闻报道与拖车停车场的联系不大，但是无论联系多么微弱，我都决定要写拖车停车场的故事。我只在这个故事中的一句话里提到了俄克拉荷马城，而且整个故事仅提及这个城市一次，当然我写的也不是关于蒂莫·麦克维的故事。我喜欢钻研一个时事话题，把其中难以理解之处作为我的写作主题。这方面的另一个例子是我写了关于儿童选美大赛的文章。这篇文章的缘起是乔恩·贝尼特·拉姆齐被谋杀了。同样，很多新闻报道提到她参加了多次选美比赛，但没有解释这到底意味着什么。我讨厌这样的想法：我们以为自己了解一种文化，其实我们并不了解，这是激发我找到故事的方式。

我认识的一位报纸专栏作家，他才华横溢，对萨摩亚裔美国人很感兴趣。他在写了两三回关于丹佛市的一些萨摩亚人之后，开始变得有些离题了（专栏作家和博主经常可以自己选择一个话题；有时他们的想法会引起读者的共鸣，而有时却做不到）。

安妮·法迪曼从细节入手，选择加利福尼亚州默塞德市的严裔少数民族移民作为写作对象，她的关注点在于美国医生因文化误解而无法有效治疗一个越南少数民族女孩的癫痫病，说明了公共卫生和医生培训方面的巨大难题。安妮·法迪曼的优秀著作《鬼怪抓住你，你就跌倒了》自 1998 年出版以来已经卖出 100 万册了。[①]

也许有人认为，关于墨西哥的塔拉胡马拉印第安人的书

① 安妮·法迪曼花了几年时间才完成写作。我问她，不担心别的作家在她出版之前会写出同样的故事吗？法迪曼回答说：“没有多少作家会热衷于追踪一个患有癫痫病的越南少数民族移民女孩的故事。”

籍可能会有市场。克里斯托弗·麦克杜格尔注意到他们以长跑著称，并将他与他们的交往变成了一部有趣的书——《为奔跑而生：一个隐藏的部落，超级运动员和世界上前所未有的伟大比赛》。麦克杜格尔是一个狂热的跑步者，这一事实对于故事的选取有着重要作用，为打算成为沉浸式作家的人们提出了一个很好的问题：自己的故事是否能与写作话题产生共鸣？如果是这样的话，那么就有可能用第一人称叙事。

乔恩·克拉考尔参加了一次险象环生的高山探险之旅，他把这次经历写成了一本书——《进入空气稀薄地带：登山者的圣经》。这本书的话题自然而然地让人感到兴奋，读起来更加令人感到满足的是，克拉考尔是一个经验丰富的登山者，和相对是新手的登山者一起参加了此次探险之旅，他思考了一些更为重要的问题，比如，如果此次行程不是一次商业探险，登山者之间是否会更加关照？金钱如何改变人们在穷乡僻壤探险的道德观？

理想情况下，你可以从各类新闻中获得写作主题，它们往往就潜伏在新闻标题中，背后隐藏着不为人知的故事。例如，阿富汗士兵的英勇和压力（塞巴斯蒂安·荣格尔，《战争》），布鲁克林的哈西德派犹太人（利斯·哈里斯，《圣日：哈西德家族的世界》），小城镇生活与冰毒（尼克·雷丁，《毒品之地》)。你可能会立刻融入当地的保龄球球队，但是其他人会在乎这件事情吗？你问问自己，能解释一下这个写作主题对于一个普通人来说，以及对于一个在纽约的编辑来说有意义吗？

有时，它有助于思考更大的问题，然后试想一种场景来解决问题。在那些遍布在土地上的辅助生活设施里是什么感觉？也许我会搬到母亲住了一段时间的地方（达德利·克伦迪宁，《一个叫作坎特伯雷的地方：美国新时代的故事》)。在专门研究老年痴呆症患者的机构中找到一份工作（劳伦·喀斯乐，《与玫瑰共舞》)。为什么在150年之后，回顾内战如此重要？也许我可以花一些时间与一些参加过回顾内战活动的人了解情况（托尼·霍维茨，《阁楼上的同盟者：未完成的内战》)。

如这些例子所示，找到故事的方法有很多。无论你在什么情况下形成自己的写作创意，都应该问以下两个问题：故事是什么？接下来，潜在的故事是什么？——这个主题重要的原因是什么？如果你可以在乡村保龄球联盟与美国的肥胖症流行病或者美国乡村白人社区老龄化之间划定一个有说服力的界限，那么你的写作创意可能会有希望。但是现在如果有一支球队力争在地区联赛中占据主导地位，苏珊·奥尔琳的写作也许能引起读者的注意，但是其他作家可能会遇到麻烦。

深入内部调查的方式

与人接触是沉浸式写作的关键问题。我们在决定了想和谁聊天之后，面临的问题是如何聊天。了解一妻多夫关系的原因，或看着对冲基金经理挑选股票，将是非常有趣的。去听一听“3K党”的秘密会议、医生与患者关于变性手术的对话、一群孩子讲述他们如何鼓起勇气对抗欺凌，这些都是非常好的故事，那么你要如何去跟他们接触呢？

与人接触也会导致沉浸式调查的愿望无法实现。你怎样才能认识这些人？从“地狱天使”到反堕胎活动家，许多类似的团体不仅对宣传他们毫无兴趣，而且可能会积极反对宣传。

记者们每天都遇到这样的问题，他们经常是发了电子邮件或者打了电话给采访对象，却未得到回复。人们没有与新闻人士对话的义务，往往有充分的理由拒绝采访。有的时候身份信息能够获得验证是很重要的。如果你能够说自己是从《纽约时报》、美国有线电视新闻网络、美国全国广播公司或国家公共广播电台打来的电话，那么你可以获得更多的成功机会。如果你是汤姆·沃尔夫，宇航员们会更愿意与你交谈。在某些场合下，“获取新闻”一词已被用来利用关系来安排与著名或重要人物的访谈（在某些圈子中，这个词用来指代人们对以牙还牙的阴暗期望）。

我在这里并不想谈获取新闻。沉浸式写作通常基于另一种类型的与人接触——与普通人的接触。不怎么出名的人更加容易结识，而他们的生活也很有趣。毒贩的女友（阿德里安·尼科尔·勒布朗）、阿曼门诺派教徒、高中足球运动员（H.G. 比辛格），农村摩门教徒（乔恩·克拉考尔），基督教大学的学生（凯文·罗斯）——如果作家有足够的耐心并且机灵的话，通过一两次对话就有可能和他们结识，甚至可能会成为他们世界中的一员。这种经验能够造就观察能力，自然而然就有了故事。本书中提到的大多数作家都是通过探索世界而成名的，而社会上的其他人仅从表面来理解世界。在大多数人满足于简单记事和固定模式的背后，他们却看到了深度。

但是他们是怎么做到的呢？你要怎样做呢？我曾经反复思考了很长时间。通常，这是我想实现写作的先决条件，这是绕不过去的第一个步骤（在某些极端情况下，例如，我所追求的那些体验，真的需要花费数年时间。我曾花了很多时间申请成为一名狱警，等待着找我的电话响起，这个过程比我实际担任狱警工作的时间还要长）。尽管受到挫折是难以避免的，但是体验过程往往是写作项目中最富创造性和最有意义的部分，它使你得以进入一个新的世界进行初步尝试。

我的第一个建议是放松下来，深呼吸几次。有的时候打一个关键电话就可以接触写作对象，但更多的时候接触似乎是一个逐渐发现的过程，这个过程会持续数天、数周或数月。时间不仅要用在获得接触的机会，还要用于了解写作对象的各个方面，即你究竟要写什么。例如，我在申请成为狱警之前采访了纽约州狱警的工作情况，我知道他们都经历了为期 7 周的专业培训。我当时是这么打算的，如果他们允许我以记者的身份采访，那么旁观他们的培训可以令我写出一篇很棒的文章。实际结果是，他们拒绝了我的采访。但是，当我自己成为一名狱警的时候，专业培训就成为我书中的一章。你作为崭新领域的探索者，自然需要一些时间才能掌握自己的方向。

让我们来讨论以下几个获得接触的场景。

· 你拥有一定的人际关系

你会说外语吗？你的祖父母是难民吗？你的父母是门诺

派教徒吗？你的婶婶正在接受不孕治疗吗？你在酒鬼家庭中长大吗？如果是这样，你可能已经拥有了解某个群体的入场券，而我不具备这些条件。我要把这些人际关系用起来。

· 你认识某个人

你男朋友的父亲是拖船驾驶员。你的母亲是一名律师，她的同事为黑客团体辩护。你曾经在一家收款公司短期工作过。以上每一种场景都意味着一个潜在的有趣故事，以及有人可以为你提供担保或者为了你而去咨询别人。考虑利用他们的关系。

作家杰夫·沙利特在华盛顿特区开始一个调查右翼政治力量的时候，联系了与这个团体有联系的前女友的兄弟。杰夫通过这个关系展开了询问，最终在《哈珀》杂志上发表了文章。他还曾在弗吉尼亚州一个保守基督教徒居住的社区住下来进行调查研究，出版了一本书《美国家庭：美国权力核心的秘密基础》。

安妮·法迪曼的《鬼怪抓住你，你就跌倒了》的写作创意来自一个大学时代的朋友，他是加利福尼亚州中央山谷的一名医生，书中的故事就发生在中央山谷。他把安妮介绍给同事，帮助她找到了故事的落脚点，其他的挑战也就迎刃而解了。

我在写《人的道路》一书中，想描述有关尼日利亚拉各斯的交通拥堵和城市无规划发展的文章。我想，在拉各斯，我一个人都不认识，是不是？但是我隐约记得刚开始担任狱警时曾从一位尼日利亚移民那里买人寿保险（长话短说）。我花了一段时间才找到阿波尼弗·阿帕塔，他已开始从事房地产管理。他不仅想起了我（我是唯一对他的群发邮件进行回复的人），而且立即要帮我安排一位值得信赖的司机在拉各斯混乱不堪的国际机场接我，后来我得以与他的亲戚同住在拉各斯一个工薪阶层的社区里。

但是，请注意，通过朋友寻找故事可能会遇到陷阱：你提出问题和讲述故事是否受限于一定的要求，这种联系是否会令你陷入困境？以我的经验，如果你的朋友还活着，你可能因为受到束缚而不去写你朋友的传记。① 如果你正在写作的作品涉及任何潜在的敏感内容，那么你对待通过朋友而介绍的写作对象就要格外小心。②

① 例如，友谊成就了对朋友死亡的纪念和讨论，我推荐杰夫·霍布斯的作品《罗伯特·皮斯短暂而悲惨的一生》。

② 谈到主题是关于朋友的写作的时候，1989 年我在阿斯彭的时候问亨特·S. 汤普森为什么不写一写他的收养家庭。"很简单，"他说，"你不能毁了自己的窝。"（汤普森曾于 1970 年竞选警长期间去阿斯彭参加一个毒品论坛，他以微弱差距落选，他对那个地方发生改变的方式发表了强烈的意见。）

· 非营利性组织也有用处

当你撰写有关社会领域问题的文章时，往往已经有非政府组织对此开展行动了。如果你的兴趣和它们吻合，它们可能会同意帮助你。比如，有个组织是亚利桑那州农业工人工会，帮助我联系了移民，为我的第二本书《草原狼》的写作提供了帮助。再举个例子，纽约市孤儿计划，这个组织从名称上看就使我着迷。在艾滋病流行初期，我在论文中读到的一小段内容解释说，该基金会的创建者担心随着艾滋病的扩散将有一批孤儿被收养。当我与她交谈时，她告诉我一些收养机构如何将收养父母与尚未死亡的艾滋病患者的孩子配对，以便患者可以参与制订照顾他们孩子的计划。我向《纽约时报》杂志讲述了我的写作创意，获得了写作任务，有一家收养机构同意帮助我寻找一位经历收养过程的父母。我跟踪了将近一年，才完成文章《传递》。

· 通过企业获得接触

大多数公司不愿意根据你的需要来开展公共关系，它们认为那样的话，它们将无法掌控局面。如果你能够消除公司的不情愿，就可以通过公司获得接触。我得到了位于肯尼亚的一家比利时货车运输公司的许可，和这个公司的司机们一起前往中非。他们知道，我的目的是要在艾滋病流行的背景下了解这些司机。同样，我还得到了秘鲁运输公司的许可，陪同我的司机从利马到库斯科，再从库斯科一直到热带雨林。我进行的这两次体验是为了完成《纽约客》和《国家地理》杂志的约稿。尼古拉斯·达维多夫与纽约喷气机橄榄球队一起度过了一年的时间，写了《合理冲撞：橄榄球联盟动荡世界里的一年》，这是一本专注于教练和后勤部门的沉浸式作品。乔治·普林顿曾在底特律雄狮橄榄球队和波士顿棕熊橄榄球队任职，他在职业球队的经历和尼古拉斯的经历颇为相似。鲍勃·赖斯在达美航空待了几个月，体验一架飞机飞行 72 小时、15000 英里、总共有 9 站的旅程，从而写出作品《飞行常客：一架飞机，一名乘客和商业飞行壮举》。在任何情况下，作者的声誉无疑是获得约稿的关键。哪个公司的管理团队都不会同意一个给公司声誉带来明显风险的项目。（但是请务必记住，如果作者事先承诺写的文章有利于公司，允许写作对象在文章发表之前审阅稿件或否定稿件，那么作者进行的是公共关系活动，而不是新闻活动。）

· 你可以花钱买到关系

专业人士通常拥有资金。纪录片制片人经常通过中介，找到能够帮助他们解决运输、物流等问题的合适人员。在国外工作的记者有时会雇用当地人为他们翻译，或者通过当地人为他们介绍其他合适的人员，这个办法已经用了很久。作为一名自由职业者，直到《国家地理》杂志让我报道秘鲁一条新的洲际公路时，我才考虑使用这个办法。负责稿件的编辑要求我制定一份费用清单，我在“中介”的费用一栏中留了空白，之后，编辑对于清单中“没有中介”一项做了备注。我对此思考得越多，我就越了解中介的潜在价值，尤其是在截稿期限临近的时候。在我第二次前往秘鲁的旅程中，为了写《人的道路》一书而做深入研究时候，我雇用了一个住在秘鲁的加拿大年轻人，他曾在我第一次秘鲁之行时担任《国家地理》杂志摄影师的助手。蒂姆·柯里是个非常好的搭档，当我们冒险深入雨林到非法采伐红木的地区时，他让我感到很安全。在这种情况下，一个中介人会介绍其他人。我们之前雇用过一个船夫，蒂姆以前曾与之合作，这个船夫利用他的关系将我们带到了伐木工人居住的偏远营地，以便我们可以见证非法伐木行为。

出版机构可能花钱找探险旅行公司，《旅行 + 休闲》杂志就曾为我向旅行公司支付了费用，我当时的工作是写团队旅行。在更极端的情况下，你可以花钱来记录一次紧张的团队旅行。例如，作家卢克·莫格森和摄影师乔尔·范·胡特在支付了偷渡的船费后，他们录制了从印度尼西亚到澳大利亚圣诞岛的非法移民的偷渡行程。[①]

· 你可以随机应变，获取接触的机会

我们这个时代一些引人注目的沉浸文学已逐渐发展起来，作家们从一个故事开始发展成另一个故事。阿德里安·尼科尔·勒布朗在跟踪海洛因贩子“男孩乔治”的刑事审判时，结识了乔治的一个女朋友杰西卡。当毒贩们被定罪并被送往监所之后，勒布朗继续追随杰西卡和她圈子中其他妇女的生活长达10多年！她们有孩子，与其他男人交往了，以及她们中有的人自己还在服刑。勒布朗一直在倾听她们的故事，总是接听她们的电话，是她们传记的写作者。《随机家庭：关于纽约布朗克斯区的爱情、毒品、纷争和转折》是沉浸式非小说类叙事作品的代表。

亚历克斯·科特洛雅茨当时是《华尔街日报》的一名记者，他在芝加哥和收养他的家庭一起生活。他一直在西区的住房

① 长期以来，新闻界一直禁止直接付钱给写作对象的做法，这是因为这样做可能造成报道过程失去公正。长篇文章或者一本书的写作中有很多志愿者参与写作过程，难道不应该找个办法让他们分享写作利润吗？这确实是个问题。乔恩·克拉考尔在罗伯特·博因顿的《新新新闻主义》中描述了他在写作《天堂的旗帜》一书的时候向其中一个写作对象支付了两万美元，以换取引用她的未出版回忆录的权利。对此，他在一群记者面前辩护：“我从写书中赚了一大笔钱。你不认为这应该归功于我的写作对象吗？他们中有的人并不想对外界公开自己，却为我的书提供了关键性的帮助。”

项目中寻找故事，当时有位摄影师拍摄了当地孩子的人物特写，请他为摄影作品写文字说明。其中，有两个孩子叫法罗亚·里弗斯和拉菲耶特·里弗斯，分别是 7 岁和 10 岁。科特洛维茨认为，在充满暴力的住房项目中，他们日常生活的点点滴滴就会成为一篇不错的新闻文章。他结识了他们的母亲拉乔，开始与他们一家人相处，并为《华尔街日报》撰写了一篇文章，该文章受到了广泛好评。他决定由此扩展写作计划，跟踪这两名男孩的生活长达两年。他写了一本书——《这里没有孩子》，标题就是引用他们母亲的话。这位母亲指出，充满暴力行为的住房项目使孩子们很快失去了纯真，有时甚至失去了生命。

乔·麦考尔的作品《显而易见的秘密：门诺教派中的局外人》并不出名。麦考尔是俄亥俄州农村一所大学的写作教师，生活在一个门诺教徒的社区里，随着时间的流逝，他逐渐了解跟他住得最近的门诺邻居谢尔特一家。这个家庭只有一匹马和一辆小马车作为交通工具，父亲塞缪尔要去参加他母亲的葬礼，麦考尔提议开车送他去加拿大参加葬礼，他们之间漫长而渐进的了解过程突然向前迈进了一步。麦考尔拥有了关于门诺教派的第一手资料，他也阅读了大量关于这个教派的文学作品，尤其是关于谢尔特一家所属的保守教派，即施瓦茨舒伯的门诺教派，因此麦考尔的叙述格外精彩。

爱丽丝·戈夫曼的书《在逃：一个美国城市中的逃亡生活》似乎有点儿离谱。这本书并不是非小说类记叙文，而是关于费城年轻黑人的社会学研究报告。尽管如此，她的人种志研究方法可以很容易应用于其他领域，比如应用于大众类非小说作品中。戈夫曼是白人，她书中的例子相当惊人，令人耳目一新。在她的笔下，黑人在得以享用先进科技产品的同时却与社会、家庭以及医疗机构都疏远了，而且当地的警察拥有巨大的权力，对黑人的生活产生很大影响。戈夫曼在当地的体验经历是循序渐进的：首先，她在大学的餐饮服务部门工作，得以认识非洲裔美国妇女。她写道，随着她与她们的交往加深，她对这些女人围着男人转的生活状况感到惊讶。她搬出校园，并对这些男人的生活进行了几年的跟踪，他们开枪打死别人，也被别人的子弹击中，他们被逮捕，他们更换住址，再重新拉帮结派。

还有一些其他作家通过循序渐进的方式获得与采访对象接触的机会，包括斯坦利·布斯（《与魔鬼共舞：滚石乐队和他们的时代》），比尔·布福德（《在恶棍之间》），尼克·雷丁（《毒品之地》）和詹妮弗·珀西（《恶魔营：一个士兵的驱魔经历》）。

我必须在结束这个话题的讨论之前提一下，具备动物般的狡猾往往可以获得接触机会。汤姆·沃尔夫最成功的妙计是去参加伦纳德·伯恩斯坦为黑豹党成员举办的鸡尾酒会，该鸡尾酒会在这位作曲家位于公园大道上的联排别墅里举行。参加这个酒会的自由主义者和革命主义者正是沃尔夫的写作对象，他后来完成了《激进潮流：在兰尼家的聚会》。沃尔夫告诉尼曼故事专栏，他有一天在访问《哈珀》杂志时看到戴维·哈尔伯斯坦的办公桌上放着鸡尾酒会的邀请函，他按照邀请函上的电话号码打过去，把自己的名字告诉对方，并告诉他们自己接受邀请，最终他的名字出现在门口的名单上。

·你可以进行卧底调研

可能有许多人担心像沃尔夫那样偷偷摸摸参加高端派对存在道德不良的问题。但是在其他一些情况下，秘密进入某个机构、参加一个政治运动或者犯罪组织，很可能会被视为“卧底行动”。必须认真考虑好，才能进行秘密卧底。只有当主题具有足够大的重要性，值得冒险的时候，才能谨慎使用该方法。它打开了潘多拉盒子，道德问题随之而来，可能导致写作对象产生愤怒和背叛的感觉，并且通常也使研究人员处于情感和精神上的压力之下。虽然如此，卧底是一个功能强大的调查方式，令人兴奋，受到启发。我在第四章专门介绍卧底报道，包括通过欺骗手段获得接触机会的一些问题。

是否能够获得接触的机会最终将取决于你与他们之间的互动。如同一个方程式，在你这一边有以下因素：如何表现出自己的风格（你的言谈自信吗？友好吗？真诚吗？）和你谈话的实质内容（你是否提前为了解对方而做了功课？对你所要提问的问题他们是否有渊博的知识来回答？）。从他们那一边来看，对于你的提议，他们权衡的时候会有这样的问题：他是认真的人吗？他来自哪里？与他交谈会对我和我的机构有帮助吗？我有时间和他交谈或发电子邮件吗？或者，更直接的问题是，与他接触对我有什么好处？

我的学生在寻求接触机会的过程中经常需要重新调整期望值。如果你是一名新闻专业的学生，这个身份对你的能力并没有太大的证明作用，不太可能打动许多重要人物。

然而，令人惊讶的是，有很多人对拓展公共关系感兴趣，或者有的时候他们仅仅是对与人交谈很感兴趣，并且非常愿意花时间投入。即使给他们打电话的人并没有写作任务，他们也愿意随机谈话。这些人当中最愿意谈话的往往是社会活动家、参加竞选的政客、刚开张餐厅的合伙人（以及其他各类的创业者），以及正在奋斗中的富有创造力的人（艺术家、喜剧演员、作家和厨师）。在我的学生当中，能够成功获得接触机会的人往往都善于运用自己的友谊，他们从自己认识的人当中寻找写作对象，或者通过熟人介绍寻找写作对象。他们的友人包括动物救助活动的志愿者、男扮女装的男同性恋者、新设立教堂的基督徒、正在康复中的戒毒者、年轻的运动员、巫术崇拜者、咖啡制作专家（他们中间有些人参加过制作比赛）、性工作者、卖清真鸡肉小吃的商贩和年轻的男性游戏玩家（游戏从《战锤》到《超速跑步》）。其他成功获得接触机会的学生通过给写作对象发电子邮件（例如，发邮件给一个由女性组成的无人机兴趣小组的领导者），给写作对象打电话（例如，打给洞穴探险俱乐部的成员）或从网上寻找聚会信息（例如，容易害羞的人组织的互助小组）。

证明个人身份和能力的凭证可能很重要，但也可能无关紧要。如果有两个网站同时想采访我，而我只有时间接受其中一个网站的采访。我听说过其中的一个网站，但是对方几乎不了解我的作品；而另一个网站鲜为人知，对方却做足了功课，提出的问题令我感兴趣。我可能会选择后者。因此，做好准备很重要，品格、态度和表达方式也都会起到作用。一位本科生给我看了一位企业家的简介，她对这位企业家略有了解，认为他可以接受长时间的采访。我担心她有不切实际的期望，但她认定我做了错误的判断。我追问道：“他是你家人的朋友吗？” 她回答不是。“那他为什么为你而花时间？”她耸了耸肩，猜测道：“因为我是可爱女孩？”（她赢得了这个采访）无事先铺垫就打电话（发邮件或在脸书上发信息）是非常困难的，因为人们往往依赖第一印象。不要低估自己，不要让对方感觉到他们同意采访就让你感到很满意，要自信地向对方提出请求，他们中有一部分人会热心回应。

III. 深入内部调查

我是属于各种肤色和各种阶级的人，我是属于各种地位和各种宗教的人，我是一个农夫、机械师、艺术家、绅士和水手，奎克派教徒、囚徒、梦想家、无赖、律师、医生和牧师，我拒绝超出自己多面性以外的一切。

——沃尔特·惠特曼，《自我之歌》

新闻是这样一类行业——你若从事新闻业，将永远是一个屋子里知识最少的人。

——阿德里安·尼科尔·勒布朗

水手的故事。我相信吗?

真的，我不在乎。

根本没有真理，这句话不假。

一个人必须知道如何倾听。

——J.M. 库切，《铁器时代》

我们和他们

自我介绍和“要成为什么样的人”

最近，有一位作家在我演讲结束后问我：“当你进行这些沉浸式体验的时候，你可以做你自己吗？”

是的，我回答他。是的，除了你自己，你还能是谁？

我估计没有多少人，即使是最诚实、最直率的人也不能在每个人的面前表现得完全一样。我在每个人面前表现得都略有不同。对于我的女儿来说，我是“父亲”；对于我的某些学生，我是“教授”；对于其他人，我是“泰德”。对于第一次给我发电子邮件的陌生人，我是“康诺弗”。我闯了红灯后，对于让我停车的警察来说，他对我的称呼可能是“先生”，这样恭敬的称呼是给我一张罚单的前奏。我跟妈妈说话的方式与和鸡尾酒女服务员的说话方式不同。当他们看着我时，每个人会看到不同的我。

当我们与不同的人说话时，我们在“表演”吗？对于我们在生活中扮演不同角色的说法，威廉·莎士比亚对此非常熟悉。他著名的“全世界是一个舞台”的独白说的就是我们随着年龄的增长在人生戏剧中的角色如何变化：我们从无助的婴儿到抱怨的男生，然后是情人，接着是士兵，再之后自鸣得意、徒劳无功，最终又会感到无助。

社会学家欧文·戈夫曼（爱丽丝[①]的父亲）在他的开创性著作《日常生活中的自我呈现》中将戏剧比喻应用于我们的日常生活中。他在书中写到，我们不仅在生活中扮演角色，而且经常选择舞台、道具和服装。我们努力给不同的人留下不同的印象，并在不同的环境中展现自己的优势，同时意识到其他人以此来对我们进行评价。当然，每个人都进行着自己的表演，但是我们对表演场景的规则和期待是一致的：教室、医生办公室、体育赛事、晚宴，这些场合都带有隐性脚本，我们的行为举止应该符合脚本。通常情况下，表演者会投入精力来取得表演的成功、遵守社交礼仪。戈夫曼在书中引用西蒙妮·德·波伏娃谈论当面具被突发情况打歪而发生的危机：“葡萄酒泼在了她的裙子上，雪茄把裙子燃着了，宴会厅里那位洋溢着微笑、一身华丽、欢乐喜庆的角色消失了。”

① 编者注：爱丽丝·戈夫曼，著有《在逃：一个美国城市中的逃亡生活》。

当进行调查研究的人员问自己“我能通过吗？”的时候，可以理解为她担心自己掌握的知识无法满足某个特定场景中的规则和要求。[1] 事先准备是个办法，但是由于现实生活需要即兴表演，所以这还不够。

回到这个问题：我可以做我自己吗？一个更好的答案可能是，你最好做你自己。特别是从长远来看，你很难成为别人。撒谎是很困难的，尤其是经常撒谎而又不被发现。我认为，如果你不流露出真实感，不呈现出自然状态，那么就很难与人建立亲密的关系。我在进行卧底调查的时候，扮成其他身份生活一段时间，我尽量不添加关于自己的虚假信息（例如，我如果使用虚假的背景信息，我就需要背诵下来，可能在容易暴露的场合下我要更加详细地解释我的背景），而是通过做减法——不提那些容易暴露自己的事实，避免遇到不方便的情况。这样做更安全，对我来说感觉也更好。

例如，在我担任狱警的时候，我为什么不告诉同事们我已经结婚并且有小孩呢？这样做可能有助于解释为什么我看起来很疲倦，为什么我不想做两班倒的工作，此外，还有利

① 进入精英大学读大一的学生可能会遇到同样的焦虑，例如，怀疑学校是否在录取时选错了人，他们担心学校怀疑他们是通过欺诈而被录取的。

于促使同事们向我介绍他们家庭的信息，这些对于我来说都是好事。我在内布拉斯加州的斯凯勒担任联邦肉制品检查员时也是如此。当我独自一人出现在小镇时，人们很好奇，而那些与我友好的人会问我为什么离开东海岸。我的回答都是真实的：我在科罗拉多州长大，一直很想看看美国的这个地区。我对于纽约市已经有足够多的了解，厌倦了为一间小公寓而花上一大笔钱。我儿子去上大学了，我再也不受束缚了，我妻子说她不介意，我用不了多久还是会见到她的。

当你遇到喜欢的人并开始互相了解的时候，问题就复杂了。培训我的肉制品检查员斯坦知道我没有相关的工作经历，他推断我肯定上过大学，这也是获得检查员工作的另一种方式。他有一天在“头部”的生产线上 5 到 6 秒钟的停顿间隙，问了我有没有上过大学这个问题，当时我们切开了经过面前的巨大的去了皮的牛头，血从钩子上滴下来。

“是的，我上过大学。”我告诉他。当下一个停顿到来时，他接着问我：“你在哪儿上的大学？”

我不想回答这个问题：他若是听说过阿默斯特学院，并且知道这是一所精英学校的话，就会有各种各样的令他不舒服的想法。因此，我简单地回答：“我想我们还是不谈这个话题了吧。”

我担心他会因为我这样藏而不露的行为而责备我。相反，他后来告诉我他尊重我的做法，他认识的所有上过大学的人一聊起这个话题就会说个不停。

回头看辛辛监狱的工作，执法工作更容易让我藏而不露，因为在警察当中总有一些人不热衷于谈论自己（此外，在狱警培训学院，我们被告知在工作中不要告诉别人关于我们自己的个人信息，以防囚犯可能偷听到并用来对付我们）。我成为那些不愿意暴露自己身份的狱警之一，至少我认为是这样。我第一次泄露个人信息是在万圣节前夕，管理着很大规模的B区囚室的负责人是一位迷人的非洲裔美国女士，她比我小几岁。我们知道彼此的名字，我们之间的碰面有十几次，但是都仅限于简单的问好。尽管如此，有一次在轮班结束时，一些人在回家之前站在一起讨论万圣节的计划，这位女士问我："康诺弗，你打算做些什么？今晚要去哪里？"当我开始说我可能会和我的孩子出去玩"不给糖果就捣蛋"的游戏时，她打断我说："我猜想你可能要去格林威治村，我也不知道为什么会这么猜测。"我认为她并没有想含沙射影地说什么，我想可能是我散发出的气质令她觉得我在格林威治村待过。在过去的几年里，我确实在格林威治村度过万圣节，并且白天也在那里工作。

融洽的关系

最好的沉浸式研究人员往往是那些关注社交线索的人，他们具有一定的社交能力和自我意识。我在实践中形成的理念是，许多人对陌生人感到恐惧，因此你首先需要成为一个对别人没有威胁感的人，努力去融入环境。如果你是个年轻人，并且身上有穿孔和文身，希望去参加你姑母的美国革命之女[①]分会的会议，请考虑将金属饰钉和环状饰品摘下来且留在家里，把皮肤上有文身的地方盖住。如果你想与货仓旁边蹲着的人交谈，请不要佩戴昂贵的珠宝。尽管我相信有很多例外的情况，但是更“正常”的外观可能比更“极端”的外观更能够被广泛接受。例如，如果你是一个化妆的男人，那么与我相比，你可能会更容易进入那些化妆的男人的世界。口音、措辞和词语的选择都会使你脱颖而出（尽管乔治·普林顿带有浓重的口音，但这并不能阻止他进行沉浸式体验）。我认为，建立密切关系必须放在首位。如果你把建立密切关系排在研究目标清单的重要位置，你必须自然地问自己：他们有可能不喜欢我的哪些方面？他们看着我的时候，他们至少会在某

---

① 编者注：美国革命之女（Daughters of the American Revolution，DAR），是美国一个全国性协会，是一个非营利性、非政治性的妇女志愿服务组织。

种程度上看到他们自己吗？如果我们不愿意或无法改变我们展现自己的方式，则可能表明我们不适合在某类人群中进行研究。

或许我们也有解决方法。杜鲁门·卡波特以写小说而著名，他想了解堪萨斯州霍尔科姆小镇的生活，并想向那里的人们了解克拉特一家被谋杀的恐怖场面，克拉特是当地的一个农户家庭。卡波特有同性恋倾向，在中西部小镇不太可能受欢迎。实际上，正如他的传记作者杰拉德·克拉克所写的那样："不可避免地，他在霍尔科姆受到了嘲笑。"但卡波特事先预料到了这一点，请他儿时的朋友——作家哈珀·李陪他去霍尔科姆。李看起来更像"正常人"，擅长结识陌生人，她在当地立足下来，然后将这些陌生人介绍给杜鲁门·卡波特。换句话说，卡波特通过有办法的中间人介绍，与当地人接触。（对于为了撰写《冷血》而进行的那一类调查研究，需要进行一系列漫长的采访。但是对于霍尔科姆日常生活的沉浸式采访，可能并非如此。我很难想象卡波特会参加当地的田庄或扶轮社的聚会，参加周日的教堂礼拜等。[①]）

---

① 关于一个黑皮肤作家突破种族障碍的大胆而愉快的记叙作品，请参阅里奇·本杰明的作品《寻找白人乌托邦：通往美国白人聚居地的奇异之旅》（2009年）。

与亚利桑那州的墨西哥工人接触时，我可能和卡波特在堪萨斯州的情况一样，与当地格格不入。但是，当地一个农场工人组织的负责人卢佩·桑切斯把我介绍给了当地工人，他们似乎完全信任桑切斯。他还向我提出了一个很好的建议：为工人们提供英语课程。桑切斯的介绍、我所教授的课程以及随着时间的推移都有助于我“做我自己”，并享受与这些工人相处的时光。让我教授英语课程的建议进而演化成了一个有益的问题，自从那以后，我无数次问自己：我该如何变得有用处？我可以教课、看护孩子、做饭、开车捎带别人吗？传统主义者可能会对这些建议表示反对，认为交换信息以外的任何行为都会有损公正性。在某种程度上，这种观点是对的：礼物和赠品可以消灭真理。但是在进行传统报道写作的情况下，遵守最严格的规定才是最合理的。在沉浸式写作中，提供线索的人通常会给作者大量时间，而作者对于如何回报却没有明确的承诺。在这种情况下，作家至少可以通过一些简单而不会使关系复杂化的方式提供一些帮助。换句话说，我不认为作者应该考虑主动帮人藏匿毒品包、借钱给他人、帮人按摩酸痛的肩膀等行为，但是作者可以考虑这样的行为：帮助孩子们做家庭作业、帮助看护孩子、支付外卖食品或者在线人休息时帮忙照顾一下商店。

我认为人们允许我与他们共度时光的主要原因是，他们知道我会聆听。我发现他们很有趣，我想知道他们是如何做事的，我想知道他们对各类主题的看法。以我的经验来看，人们想讲述他们的故事。

请注意，这与其他专业调查人员在执法或科学领域的态度有所不同。我不想试图用我的学位或权威给线人施加影响。相反，由于他们知道我想要了解的内容，因此将他们视为我的老师是很有用处的。然后，我成为一个热衷于学习的学生，想尽量了解一切。我在那里不是要评判什么，而是要学习。

我还要补充一点，与人建立融洽的关系并不意味着我听了不恰当笑话的时候为了附和别人而大笑，或者对于不相信的事情表示赞同。你要做自己，如果你不是种族主义者，请不要在听到关于种族玩笑的时候大笑。你可以微笑，表示自己听到了，然后记在脑子里，随后把笑话记到你的笔记中。

如何认知自己

年纪仅 19 岁的人想进入 21 岁以上的成人酒吧的时候，都会摆出一副自信的姿势。许多尝试这样做的人（通常是在伪造身份证的帮助下）都成功了。

但是，取得成功的更好方法是能够呈现出真实的自己。

如果你感到自己的处境令你不舒服，就需要一些时间。我扒上火车后，又经历了一个月的旅程之后，到达蒙大拿州的阿弗尔，这个小镇有一个大型的火车停车场。据说这里有大片的流浪者露宿的“丛林”或露营地，但我找不到。当我正走在路上的时候，听到停车场传来砰砰的声音，我以为是铁路工作人员发出的声响，但是我很惊讶地遇到一个与我年龄相仿的家伙，他正用斧头砍掉货车边缘的一些木制支撑架。他给我指了指丛林的方向，解释说他在那里需要一些木头来生火。然后，正如我在《漫无目标地前进》中所写，他更加仔细地打量着我。

“嘿，”他问，“你是个流浪汉吗？”

“什么？”

“我说，你是流浪汉吗？”

很少有问题会令我措手不及。我已经准备好回答任何一个流浪汉可能会问我的几乎所有问题，就好像我是一个流浪汉一样，但恰恰在这个关键问题上我卡壳了。我咽了一下口水，然后回头看了看他，假装表现出我觉得他很异样，我想这大概是个不错的办法，可以掩饰我的停顿时间。

“是的，”我十分戒备地回答，“我想我是个流浪汉。”说出这些词赋予了我意想不到的力量。如果我自称是流浪汉，谁会不同意我这么说呢？我问他："你呢？"他回答："我当然是。"

我沿着路继续向前走，思考着我们的对话。与出发时相比，我无疑向成为流浪汉更近了一步。但实际上要成为一个流浪汉，还有很多事情要做。我仍然想着我的家人、我的朋友、学校的女孩子们。我的教授们仍会接听我打过去的对方付费电话。我还是比真正的流浪汉进入阿弗尔丛林要紧张得多。

我毕竟还是转变了。部分原因是我自己的愿望如此强烈，丛林成了我的家。几个星期以来，我一直在担心我的外表：我看起来像流浪汉吗？当流浪汉看着我时，他们会看到自己吗？这些似乎是最重要的事情。但是现在我看到自己已经忽略了内心活动。摆脱那种自己是一个局外人、一个不属于那个地方的陌生人的感觉，对于我获得使人放心的心态和举止至关重要，这样才能让流浪汉把我视为他们中的一员。"是的，我想我是个流浪汉。"我曾说过的这句话，在一定程度上令我自己感到吃惊，但我这么说出来之后就做到了。

在我之前提到的一本书《塔利的角落》中，艾略特·利博提出了同样的观点，阐述了他作为一名受过教育的白人是如何了解写作对象的。通过略微调整他的着装和说话方式，"我淡化了身份背景的某些特征"。他外貌的部分特征、说话的方式和总体展现的形象超出了他改变的能力，但他指出，这并不是坏事，因为“白人的缺点在一定程度上被以下事实所抵消：作为一个局外人，我不是他们在追求挣钱机会方面的‘竞争对手’，我也不是他们争取与白人相同的社会地位方面的竞争对手”。他写道，早些时候的一天，他遇到了 9 个人，还得知了其他几个人的名字，并在塔利的街角花了许多时间。他继续说：“也许是最重要的，在我自己的脑海里，我已经部分摆脱了成为陌生人的那种感觉，并获得了微小的‘归属感’，单单是这一点就形成了自如的举止和精神状态，这对于建立人际关系至关重要。”那段文章以下面的摘要作为结尾：“回想起来，一个人成为参与者的程度，似乎既是一个参与者认为自己是个参与者的程度，也是被他人接受为参与者的程度。”

我经常脱离自己的正常生活而沉浸在他人的生活中，以至于我能够意识到体验的过程中会发生什么。当我进行沉浸式体验的时候，我不认为需要隐姓埋名，我也不喜欢卧底这个词，因为它带有执法部门对非法活动进行调查的色彩。我不是要从写作对象那里获取内幕消息，而是要了解他们。在以他们的方式看待事物的过程中，以及设身处地思考的过程中，我开始把自己和他们的身份趋于一致，以“我们”的方式思考和说话。

我蜕变成另外一个人了吗？我并不这么看，我认为身份意味着一系列可能性。在我们的生活中，我们每个人都有一些自己的性格特征。以不同的方式生活需要我们侧重于不同的性格特征。我的妻子喜欢说，我的几个月狱警的经历，唤醒了我作为一个“纪律严明的人”的特征。换句话说，在沉浸体验期间，我的一部分性格特征显现出来，并且被放大了。如果需要的话，我可以表现出在正常的日常生活中不需要的品质（例如一天中经常持拒绝态度）。我并不是喜欢这种品质，而是“是的，我可以扮演那个角色，我可以成为那样的人”（在我看来，这与成为一名演员是不同的，而且可能更加困难。演员可以在表演结束后回到“自己”的状态，但是沉浸式作家可能会在数天、数周或数月的时间内以另一种性格生活在另一个世界）。

当然，我们完全有可能参与到广泛的实地体验活动中，而又不会涉及自我意识的问题。我也曾进行过这样的体验。如果一个人以观察员的身份参与体验（我一直很喜欢联合国“永久观察员地位”的这一说法），那么他可能会觉得自己少一些同理心或同一性。如果你没有与写作对象进行深入交流（这可能是一个完全合理的反应，取决于个人的喜好），那么获取你所想要的东西可能仅取决于你的忍耐和宽容能力。换句话说，你能在多大程度上忍受与你或你的朋友不一样的人？你能承受多少“其他人”的特征？

道德标准

道德问题是新闻的核心。在过去，人们争论新闻是否客观，任何被视为不客观的新闻都是有倾向性的。当我开始写作时，倾向性意味着不好。但是，近些年来，也许是因为认识到所有媒体都有某种偏见，而真正的客观性是难以捉摸或不可能的，所以人们为了更有效地谈论这个话题，会讨论新闻的公正性。关于公平的讨论往往涉及令人关注的问题：这篇文章、这本书籍或者这部电影是为谁的利益服务的？是平衡的还是片面的？是善解人意的还是自恋的？是坦率的探索还是教条主义的主张？

当涉及沉浸式写作或者实际上任何长篇写作，当作者不只是简单地采访人们，而是在很长一段时间里处于采访对象的世界中的时候，文章发表时就会出现一系列特殊的道德问题。[①] 人们在阅读时会发问，作家是否公平地对待写作对象？

---

① 如果文章是用于学习，或者没有发表，那么这些道德问题就没有紧迫性了：也许只有一位老师或者经你允许阅读了这篇文章的人会知道文中的故事。我总是要求我的学生在他们的写作中互相保守保密。这样可以减轻压力，因为学生可以更加自由地进行体验而不必担心会伤害他人。

换句话说，读者通常能够理解，作者有权利选择自己的写作对象。作者可以决定怎样来讲故事——文章要包括的内容和要省去的内容。简而言之，作者可以用自己的话来讲述这个故事。

令人感到棘手的是，即使在最和谐的情况下（作者试图“引导”或支持写作对象），作者的看法也可能会在某些方面与写作对象有所不同。作者努力做到公正地塑造写作对象的形象，并且使故事更加容易被公众接受，这毕竟是作家之所以身为作家的原因。然而，写作对象读了文章之后却不高兴。

有时，我们文章的写作对象对于很小的事情不满意，而作者可能从未预料到这样的小事会成为一个问题。也许作者描述写作对象的狗被“喂养得很好”，而宠物浑圆的样子却正是写作对象的痛处。我曾经写过一篇关于斐济的一个度假胜地的文章，一名美国按摩师在这个度假胜地给我做按摩，我引用她的话说：斐济没有土著按摩传统。这引发了一封来自编辑的满是愤慨的信，信中她告诉我是我弄错了。在各种各样的写作中都可能发生这种事情。

有时问题还会更大一些。我的朋友中有位作家，他要写一名青少年运动员。他花了很多时间与这名运动员相处，在进行了四五个月的了解的时候打电话跟我说，这个年轻人开始对于自己常伴他身边感到越来越自在，话语中开始使用带有种族歧视色彩的词语。他应该怎么做呢？如果他没有在作品中指出种族歧视倾向，他是否会粉饰了自己的写作对象？

我告诉这位作家，首先要告诉你的编辑，写作对象可能有点儿意见。我继续跟他说："如果我是你的编辑，我可能会告诉你，直接告诉写作对象你的感受并敦促他改变他的不当评论，同时解释说你不会为此而'出卖'他，因为这么做会让他看起来像个低俗的人，还可能会伤害他的职业生涯。"这些话要让人听起来像是实用的建议，而不要像是伪善的建议。关于解释"没有出卖他人"的说法，我认为我的工作不是监视我所写的每个人的想法或态度。如果这个人是老师、市长或社区的负责人，那么这些种族主义态度将与我的文章紧密相关，我会把这个态度写在文章中。但是对于一篇关于年轻运动员的特写，我不能确定我要把这种态度写在文章中。我说过，无论你怎样做，都不要将你的真实感受隐藏起来，如果这样做，你就开始为自己挖了一个坑。

我认为，沉浸式作家遇到的最大麻烦是诚实和背叛、掩饰和欺骗的问题。为什么作者要欺骗写作对象呢？我认为，主要是为了让他们愿意谈论和交流，消除他们担心受到指责的恐惧。写作对象可能会感到紧张，作者希望他们能够侃侃而谈。但是欺骗给我们提供素材的人，即使他不是一个好人，这样的想法也很糟糕。作家欺骗写作对象最糟糕的例子就是珍妮特·马尔科姆的经典作品《记者和杀人犯》，这本来是刊载在《纽约客》上的分为两部分的连载文章。马尔科姆描述了畅销书《致命幻影》背后的研究，该著作涉及美国陆军特种部队“绿色贝雷帽”医生杰弗里·R. 麦克唐纳，他被指控在 1970 年谋杀了怀孕的妻子和两个女儿。麦克唐纳坚信作家乔·麦金尼斯站在他这一边，他在审判中甚至允许麦金尼斯坐在他的法律团队的旁边。麦金尼斯在写作的每一步进展中都表示支持被告麦克唐纳。

麦金尼斯后来声称，他在审判期间对麦克唐纳有罪的事实是深信不疑的。他写了一本书，将麦克唐纳描绘成冷血的精神病患者。在监狱中的麦克唐纳不知道麦金尼斯把他描绘成这样，直到他接受电视节目《60 分钟》的采访，在摄像机镜头前，记者迈克·华莱士把即将出版的书稿大声念给他听的时候，用马尔科姆的话来说，麦克唐纳的反应是“震惊和极度不安”。

随后麦金尼斯被起诉，而他的书却拥有巨大销量。我认为，麦金尼斯的声誉从未恢复。

这是一个极端的例子。大多数关于写作背叛的问题从来没有接近这般规模。一些常见的情况是，写作对象会把那些对他们造成不良影响的事情告诉作者。也许是一个低俗的笑话，也许是种族主义或反犹太主义言论。沉浸式作者应该如何做呢？如果表示反对的话，就可能会伤害融洽的关系。另一方面，作家不是一定要讲真相吗？而且，就文学价值而言，毫无保留的人物刻画难道不是比那些手下留情的文章更能够服务于读者吗？

以我的经验，有几种方法可以避免这些进退两难的处境。首先，你永远不要假装赞同那些你不认同的观点，至少不要假装得太久。沉默有时还是可行的；记者得以采访那些与自己的政治观点不同的人的唯一方法就是隐藏自己的政治立场。从长远看，棘手的问题会随着时间而流逝，你不能只听而没有回应（除非你从事的是卧底报道）；如果对方征求你的意见，你可能还是要告诉他。必要时你可以避免正面回答，但不要假装同意。如果你这样做了，你的写作对象可能会认为，此前的你与你本人是完全不同的人，并且当你的文章发表时，你可能会面临着可怕的清算。

沉浸式作家之所以被归为一种独特类别，是因为较长的写作时间框架。随着时间的流逝，访问者与受访者之间的关系通常会变得不那么正式。双方变得越来越熟悉，写作对象变得很容易忘记作者正在那里做笔记、观察和留心。在几天或几周的熟悉之后，写作对象可能会以为自己只是随随便便地对朋友说话，而忘记了实际上是在与作家说这些话。这一点就应该由作者来提醒他。有多种方法可以做到这一点：拿出笔记本，然后说："这些话我可以记下来吗？"或者大声重复刚才说的话，然后问："我可以引用这些话吗？"并非每个研究人员都愿意采取这些方法，因为让一个人侃侃而谈而不用留意谈话中是否有让他日后后悔的内容要更容易些。实际上，大多数采访者都希望看到的是更加坦率和诚实：我们想要一个真实的人说话的证据，而不是一个人为了准备采访而说的话。但是，为了让一个人放下警惕，而不提醒他发生了什么事，这是不公平的。而且，如果你不去提醒他的话，稍后你引用那些他会后悔的话，他可能会以生气来回应，甚至否认他说的那些话。

为了明白这个道理，往往需要进行很多沉浸式的体验，包括我自己在内也犯过一些错误。我并非每件事都做得正确，往往由于没有留意、经验不足或仅仅因为我认为自己是一个好人，我就以为自己很有资本了。但是，漫长的时间以及多年的教学经历告诉我，如果我不让写作对象毫无保留地喋喋不休，我们彼此在这个过程中的感觉都会更好一些。

我最近的经历就是我感觉最好的一次。我为《哈珀》杂志写了一篇关于爱荷华州的大型动物兽医的文章。在一年的时间里，我去了三次，每次大约一周，并且通过电子邮件和电话多次核对信息。但是我第一次采访就差点儿失败了。一个周一的早上，我到达他的诊所后不久，他让我和他一起到了一处可以单独谈话的地方。他大体上是这样说的："听着，我从事的事情至关重要。我不认识你，如果我允许你跟踪我打电话的所有内容，我怎么知道你不会写关于我的负面内容？我为自己的工作和选择而感到骄傲，但是如果你的感觉不是这样的，你会怎么做呢？在发表之前，我能阅读你的文章吗？"

我告诉他不行，《哈珀》杂志不允许他提前阅读，尽管杂志会打电话给他并核实我写的所有内容，他至少会受到保护，避免刊载关于他的虚假事实。但是我也知道，这不会使他免于他所担心的事情的困扰。我或多或少会这样回答："你的担心是正确的，你可能会受到伤害，有的作家可能会不公平地对待你。但我保证我不会。我很钦佩你在严峻的经济环境中推动事业顺利进行的能力；我并不是带着恶意而开始写作的。因为我是一名记者，所以我通常会对事物持怀疑态度，你看这样做行不行呢？在每天结束时，在我们分开之前，我会告诉你任何令我感到不安的东西。我不会保留任何意见，我不会让你事后感到大吃一惊。我会听你说话，并会密切注意。这样一来，你就可以尽早了解我的想法，及时对采访叫停。而且，如果你决定这样做，我不会对你有恶意。”

这位兽医同意了我和他之间的采访形式。我问了他一些问题：给牛喂了它们并不需要的抗生素的事以及切除牛角和阉割给牛所造成的痛苦。我观察到，他的一种阉割方法确实给牛造成了痛苦。他解释了为什么这样做。这样的对话有好几段，我在文章中都引用了这些对话。我还咨询了关于牛的疼痛方面的兽医专家，包括这位兽医的母校的一名专家。他们俩都认为他可以采取不同的方法，但是他们帮助我理解了他所采取的方法的合理性。《哈珀》杂志让我详细研究此事。当文章发表时，那位兽医第一次阅读了该部分，他对此感到满意。他说，文章中所写的并不是他想说的那样，但他可以看到我尽了最大努力，并找到合适的人进行了交谈。而且，在长篇写作中我通常希望得到的而往往难以实现的结果是：我们仍然是朋友。

友谊

请允许我指出，上文最后一句话“我们仍然是朋友”的说法是不正确的。我非常喜欢那个兽医，但是他和我的其他朋友不一样。我不会在度假时给他寄明信片，也不会在他生日那天给他打电话。我不希望他下次访问纽约市的时候会要求在我的沙发上睡觉。我去爱荷华州的时候，他邀请我住在他的客房里，我拒绝了，我选择住在旅馆里。我想保持一定的专业距离，这样一来，如果他觉得我的文章写得不公正的话，就不会觉得是被朋友背叛了。我宁愿让他成为我的业务领域的朋友。

在我担任狱警的那几个月当中，我同样约束自己的行为。有好几次，同事们邀请我去看比赛或在休息日喝啤酒，我都拒绝了，尽管我希望对他们的家庭生活有更多的了解，但是这似乎侵犯了他们的隐私，这项研究具有的秘密性质更容易对他人的隐私产生影响。我想，如果我得知我邀请了一名记者进入了我的家，而我并不知道他的记者身份，他在家里喝了我的啤酒，遇见了我的配偶，使用了我的洗手间，而且还抱了抱我的孩子，我会感觉如何？即使以上任何内容都没有写入他的书中，我也会感到相当糟糕。

对我来说，这是一个是否越过一定界限的问题。这样更好，看起来更公平。也许我错过了收集一些精彩细节的机会，但是我不可能拥有一切。对我而言，与写作对象成为真正朋友的想法与在参与式观察模型中一直向右移动一样。与写作对象的距离一点点儿地缩短，相处变得越来越自然，但是最好不要走到最右边的极点位置。

我并不是要通过这两个例子来表明我总是能够在人际关系中实现恰当的平衡，而且我知道从事这项工作的大多数作家一直都在担心是否可以实现适当的平衡。这是因为，尽管开始很难获得与写作对象接触的机会，但是一旦与其接触，彼此就非常容易变得距离太近。当你第一次遇到一个写作对象把你当作朋友对待的时候，你可能会把这种温暖的感觉当作是上天赐予的礼物。你感觉到："现在他想告诉我一切！我很棒！"但是你要抵制住这种开端，这对于最大限度地减少未来的痛苦感觉非常重要。

不能太接近写作对象的另一个原因是，如果你不得不说一些令你的写作对象不愉快的话，你需要能够自由地表达出来。琼·迪迪翁在《向伯利恒跋涉》一书的序言中写道："作者总是会出卖他人。"据我所知，这是因为有的时候出色的写作需要出卖他人。作者的首要职责是写作的公正性，而不是与写作材料来源者的关系。你可能不会认为自己是个坏人或卑鄙的作者，但说实话可能会毁掉你与他人建立起来的良好关系。为了自我保护以及对他人的关心，请警惕在这段关系中过多地投入。

我应该指出这些情况有两个例外。首先，作者并不总是操纵者，写作对象也不总是我们的棋子。有些熟悉媒体的写作对象希望达到良好宣传效果的时候可能会操控作家并精心展现某种形象。他们可能假装和你友谊深厚以取得有利的结果。我有一位新闻记者朋友，他在准备关于一个布鲁克林乐队特写的过程中花了很多时间与乐队成员建立了真正的关系，他有这样的想法，即当他的文章发表并且在与工作有关的关系结束后，他们可能会成为他实际朋友圈中的真正朋友。但是，一旦有利于乐队的特写发表之后，他就再也没有收到他们的消息。不过他以正确的方式与乐队相处，培养起来的友谊保持到了出版之后。

另一个例外是，当你的写作对象由于他们自身的情况特征，你不太可能批评他们时，比如当写作对象是孩子的时候。亚历克斯·科特洛维茨在《这里没有孩子》的结尾部分透露，在他的调查研究期间，除了支付他们的一些微薄生活费（如牛仔裤和运动鞋的花费），之后他还帮助了两个男孩进入私立学校并帮助他们支付学费。这本书出版后，科特洛维茨成了一个孩子的实际监护人，这个男孩一直和他的家庭住在一起，直到高中毕业。我想不会有人说科特洛维茨做错了什么。

要寻找什么

怎样做笔记

几年前，我在新英格兰一所规模较大的大学里参加过一个关于写作课程的项目。我记不起来有关研讨会、演讲和晚餐的细节，但是关于这次访问的一件事仍然让我记忆犹新。在我的演讲结束后，一个正在攻读艺术专业硕士学位的年轻人走上前来，告诉我他最近和驻伊拉克美军士兵一起度过了几周。我说这听起来很有意思，问他现在是否在写这段经历。他说，是的，但是他必须停止写作。然后他坦诚地说了原因：他没有做任何笔记，结果他将不得不回去。一开始我没弄明白，问他："根本没有记一点儿笔记吗？"他试图解释：他的大多数同学都在写个人陈述或回忆录，而他们认为自己需要的唯一资源（或在课堂上学到的要重视的资源）就是他们的记忆。他带着这样的想法在伊拉克访问了一段时间，认为记忆就足够了。我认为有一些场景可能只需要记忆，但是写作中需要引用的语句不需要记下来吗？他说，他以为自己会把他们的名字改成别的，就像回忆录作家有时会这么做一样，而记笔记容易分散或转移自己的注意力，还干扰自己的体验过程，所以为什么要记笔记呢？

我不需要说服他认为这样的想法并不好，反正他已经总结出答案了。但是我似乎应该在这里表达清楚我的想法，以免你犯类似的错误。如果你正在寻找一段体验经历并打算把它写出来，记笔记应该是其中的主要部分。也许你是一名致力于写个人散文的作家，那么你要做的往往是在喝咖啡的时候或者睡前更新一下日记。或者如果你是写文学类作品的记者，那么你会在一天的采访中或多或少地把写作内容用笔草草记录在螺旋式装订的笔记本里，或者是记录到电脑里以及其他电子设备中。我的观点有两个方面：（1）笔记只会增强你的记忆力，而不会减损你的记忆力；（2）笔记内容的明确性（采访对象的名字、想要引用的话语、军官的级别，以及诸如故乡、进餐时的菜品、手臂上的文身或者黄昏时的气息等信息）有助于增强你的写作能力。笔记还为你提供了撰写新闻的选择，这就需要引用实际数据，而不仅仅是引用“我能记住的最好数据”。

你需要记笔记！

表格 1　学院审查委员会

在大学任教之前，我从未听说过学院审查委员会。但是，人类学、社会学、政治学和心理学等学科的学术研究人员对它非常了解。大多数大学都设有学院审查委员会，有些学院也有。他们的职责是监督大学里的教授、研究员以及学生，开展以人类学为对象的研究，并确保他们的研究合乎道德标准。建立学院审查委员会的目的之一是应对20世纪中期生物医学研究中的虐待行为，例如，在塔斯基吉市进行的梅毒研究刻意拖延对感染了梅毒的病人的治疗、纳粹医生对囚犯进行的涉及伤害和酷刑的实验以及冷战期间的辐射实验。

其他有关研究包括行为研究，例如米尔格拉姆的服从实验、斯坦福监狱实验以及由中央情报局组织的“MK Ultra计划”（人脑控制研究计划）。

虽然学院审查委员会对许多研究的监督是恰当的，但是据我所知，如果学院审查委员会对我在本书中描述的研究进行监督的话，那么大多数的研究将很难进行。例如，学院审查委员会通常在研究之前就要求制订详细计划，说明该计划与哪些人打交道，会问他们哪些问题。学院审查委员会通常也在研究期间继续进行监督，受访者无一例外地都需要签署同意书。当你在准备写有争议的书或者文章时，学院审查委员会监督的这两个方面一定要格外重视，尤其是时间紧迫，优秀的期刊不会等待数周或数月的时间让学院审查委员会就如何研究一个可能会带来突发新闻的主题做出决定。

人种志类型的研究与新闻的另一个不兼容之处在于，前者在研究中往往坚持把以人为对象的研究匿名化，也就是说隐藏研究对象的姓名。这样要求的初衷是为了保护研究对象。但同时，这种要求也消除了那些希望进行宣传的人们参与的积极性，比如活动家和商业领域的人们，更加糟糕的是，还失去了对于那些参与研究却有不当行为的人们的追责机制。匿名还使研究人员可以篡改数据。

在我等待被美国农业部聘为肉制品检查员时，一位写书评的编辑给我寄了一份《每十二秒：工业化屠宰与政治远见》（2011 年）的初期手稿。当时在耶鲁大学攻读政治学博士学位的作者蒂莫西·帕基拉特被位于奥马哈市的一家牛肉屠宰场录用，并秘密参加了 5 个半月的参与式观察。这本书引人入胜：帕基拉特与肉制品检查员一起工作，这个职位是我也想体验的。他从细节入手，提供了细致入微的来自屠宰场内部的第一人称视角。但是屠宰场到底在哪里？他不会说。公司叫什么名字？他也没有透露。他反而解释说："从一开始，我就决定以入门级工人的身份进入屠宰车间，不打算告知管理层我为了写作而去体验的意图，我的这一决定也包括不能直接暴露特定的屠宰场和具体的人物。”一个脚注说明了此“承诺”是在与“监督委员会”的对话中发展起来的。当时我还不了解，但是学术界的朋友告诉我，该委员会是耶鲁大学的学院审查委员会，他们的限制可能束缚了帕基拉特的研究。委员会可能要求他对屠宰场进行匿名处理。我能够理解委员会要求保护个人隐私的初衷，但是为什么要保护公司的隐私呢？如果不能够把强势团体的名字公之于众，那么作为一名作家又将如何敢于和强势者论真理呢？

在美国，教授和学生在参与学术新闻课程的时候不受学院审查委员会的监督。这绝对是必要的：最好的新闻工作不能在谨慎、行动缓慢的学院审查委员会的监督下进行。我认识的一些进取心很强的社会科学家，他们正在各自的机构内致力于管理和改革学院审查委员会，为那些与普通读者相关作品的写作提供便利条件和减少审查时间。我希望他们能够成功

❀ ❀ ❀

做笔记是一种有意识的手段，可以反映出我们所经历的

事物：看到的、听到的、品尝到的和闻到的。显然，笔记是一种记住事物的方法，但同样重要的是，笔记是一种提醒注意的方法。

哪些事情是重要的？哪些跟你相关？为什么呢？记笔记要求你去了解感兴趣的事物，或者至少对这些事物有个模糊的想法。如果我被外星人绑架，我想我经历的一切都是很有趣的，至少在事情开始的阶段是有趣的。但是，在与普通人相处的时候，你需要从“几乎所有事物”中找出哪些是有趣的，因为“每件事情”都有可能是非常有趣的。如果你倾向于直观地去了解有趣的事物，则可以跳过接下来的几段。但是，如果你有时不那么确定，那请继续阅读。

我们对于一段即将开始的体验以及我们正在研究的人物的一系列问题可以来自我们的朋友。我的大学朋友们说：“哦，你要去扒货运火车吗？”他们想知道：

· 我是怎样扒上火车的？

· 扒火车的过程中最危险的是什么？（是警察吗？有摔下来的危险吗？）

· 扒火车是否让我感到害怕？

· 我如何让流浪汉愿意和我交谈？

·流浪汉是否仍将那些秘密符号留在栅栏、大门之类的地方，以便其他流浪汉知道哪些农户友善、哪家有恶狗等。

在为普通读者写作时，你应当在文章中回答每个人都想知道的那些事情。

主题及其含义

但是，你也想超越那些显而易见的初级问题，寻求一系列更深层次的理解。换句话说，一旦你跳上了几列火车，弄明白了怎么和警察打交道，与流浪汉交流过了，也知道流浪汉们不再使用暗语，而且你的心情平静了下来，这时候一个充满了内幕信息的全新世界将为你敞开。这些信息包含有关生活及其意义的各类想法，有些可能是通俗易懂的，而另外一些则很难理解。

我记得我曾经问过自己，他们的生活与我的生活有什么不同？他们与中产阶级有什么不同？与城市无家可归者有什么不同？流浪汉的价值观与大多数人的价值观不同吗？他们是否有意在社会边缘寻找空间，还是被推向了社会边缘？“铁轨上的浪漫”——拥有在任何时候和合适的同伴想去哪儿就去哪儿的自由，而且最好是可以自由选择向西的方向——这种浪漫是流浪者的追求，还是流浪汉圈子之外的人们的幻想？这些问题促使我在研究中追求一个特定的研究主题：这是出于生活中自由的需要，还是出于贫穷而不得已而为之？

我努力了很久才确定这个主题。教我人类学课程的那位教授在我出发前送给我一本书，对我确定主题有所帮助。詹姆斯·P. 斯普拉德利的《参与者观察》向我介绍了很多关于人种学的概念，从总体上看，这对我想要进行的体验很有帮助。书中部分内容晦涩难懂，也有些不必要的复杂之处，但是其他的部分的内容则提出了现场调查研究的意义和应当关注的重点。

这本书清楚地表明了人种学方法的要旨是从文化内部寻找意义。斯普拉德利敦促研究人员去寻找“文化主题”，这些主题有时是隐性的，但有时是用短语或口号明确表达的。当我第二次或第三次听到与我在体验中相处的同伴更愿意自己被称为“流浪汉”的时候，我理解了流浪汉、无家可归的人、乞讨者之间的区别。正如一位名叫朗尼的流浪汉解释的那样，这是一个等级，流浪汉的称呼意味着最高级别：“呃，你看，流浪汉有时在旅途，有时在工作。你有的时候也在工作，不是吗？”我点了点头。“那么你和我们一样。那么无家可归的人就一直在旅途中，就像在漂泊一样。乞讨者不会做任何事情，不工作，也不去哪儿，他们什么都不做！”

换句话说，流浪汉显然很重视旅行和职业道德。他们会批评别人懒惰——这种看法与通常的观点不一致，例如，《哈利路亚，我是个流浪汉》和《大糖果山》之类的老歌表达的是四处巡游的人对于不工作而感到自豪。在本章的稍后部分，斯普拉德利列出了文化领域中可能出现的写作主题：

- 社会冲突；
- 文化矛盾；
- 关于社会规范的非正式方法。

以上主题在我的圈子里都有意义。社会冲突，对于流浪汉来说，是与铁路警察、城镇警察以及与当地的无家可归者（在第二次世界大战期间留在家里而不去参军的人后来被称为“家庭警卫”）的冲突。文化上的矛盾，意味着一群人嘴上说的是一回事而实际上又是另一回事，例如，流浪汉实际上会从事一些工作。就我的观察而言，根据他们自己的定义，大多数这些自称是流浪汉的人实际上都是无家可归的人（更具讽刺意味的是，被分配到地位阶梯的最底层的四处流动的人群，即墨西哥移民，恰好符合流浪者的定义，他们显然是为了找到工作而旅行的）。我注意到，在他们的“人人为己”的霍布斯主义世界中，关于保持社会和谐的非正式控制手段是“一起奔跑的伙伴”或“合作起来”的想法。一旦与某人成为伙伴，他们将不再无所顾忌地吃饭，他们必须分享（一个叫皮斯托尔·皮特的流浪汉向我解释：“就像火枪手那样”“人人为我，我为人人”）。

从更广泛的方面来看，斯普拉德利关注时间和空间等概念，以及不同的文化群体在时间和空间上的不同体验。流浪的时间取决于火车时间表的变化、季节的转冷（使他们更加想去较温暖的地区）以及食品券发放办公室的开放时间或者难民救助项目的时间，这与那些中规中矩的人每周工作 40 小时的体验截然不同。通常，当一个人拥有的时间太多，他就会感到无聊，解决无聊的一种方法是喝酒。当我和他们一起喝酒时，我可以消除无聊。酒精可以消磨时间。流浪汉对于美国人所谓空间概念的理解是不同的，无论是在城镇内部还是在城镇之间，他们与其他美国人对于空间概念的理解也是不同的。以上这些内容我都想进行探索，我会用笔记将这些内容记下来并最终写出来。

那么你要注意些什么呢？当然是任何有趣的事情，但绝对是那些始终在你脑海中盘旋的想法。你的目标是通过一些事件或者奇闻轶事以及犀利动人的文笔，呈现出栩栩如生的社会生活，并阐释这一切意味着什么。做笔记会令你思考，在这一过程中就会形成洞察力。

报道故事

与波利尼西亚的珍珠潜水员共度一个夏天的经历对这些人有吸引力：对宝石市场感兴趣的经济学家、对海洋退化感兴趣的环境科学家、报纸的特约作家或沉浸式记者。所有这些研究人员都会做笔记，因为笔记是写作的原材料。但是，沉浸式新闻记者的笔记与其他研究人员的笔记有所不同。一般来说，他们的笔记与众不同的一个方面在于沉浸式作家准备写记叙文，实际上是要讲一个故事。

换句话说，沉浸式作者不打算针对一小部分使用高度专业化词汇的专家发表演讲，并且可能不会收集到那些过于肤浅的分析或对于论点至关重要的数据。沉浸式作者对于潜水员和其他人的真实话语感兴趣，而不仅仅是为了“获得那些可以引用的话语”，他们想让读者知道他们的声音、说话方式。语音和对话是记叙文所需的两个基本构成要素。以下是一些其他内容。

· 人物。你要采访哪些人物？他们是只露一次面，还是需要你跟踪采访？

· 场景。是否有一些动作发生在可以“设置场景”的地方？是否有足够多的事情让你可以累积一组场景？（最基本的叙事方式之一就是一系列连续的场景。）

· 叙事时间表和变化。故事会随着时间发展吗？人物会变化吗？是否有一些有意义的事件？你是否有上升的故事情节以及解决冲突的叙事弧①？

· 背景故事。在你抵达之前是否有相关事件？留意这些事件：如果你获得充分信息，则无须亲历事件也可记叙。

· 麻烦。麻烦也会很有趣。与现实生活不同，在现实生活中，你可能会选择避免麻烦，在研究故事时，你必须关注它。麻烦可以成为新闻，它是推进故事的一种方式。

· 第一人称叙述者。讲述故事的人是“我”吗？这个“我”是否与他人充分互动并充分展现自己，从而使他们也成为故事中的角色？（如前所述，第一人称叙述并不是必需的。严格来说，也不需要叙述性弧线。这些和其他事项将在第五章中重新讨论。）

① 编者注：叙事弧是指以连续的方式叙述情节起伏的弧线。

一方面，如果没有充分的思考，就很难进行记叙文的写作。另一方面，你也不想思考得太深入，以至于带着预先确定的故事来进行研究：你需要对预料不到的事物持开放心态。我所谓的故事报道就是在开始调查研究的时候，你对写作中需要的素材要有一定的认识。本质上看，这意味着在调查研究中要特别注意叙事的元素。与其将注意力分散在整个排球队上，不如选择集中精力研究一个人物，例如教练、队长、自由球员和……一个正在努力挣扎的球员（因为麻烦很有趣）。他们有竞争对手吗？他们有反对者和求和者吗？他们是谁？谁的存在或者谁的故事有助于阐述这个团队的人际关系？[①]

有哪些可能的场景？可能是少数几个高风险比赛（与对手的比赛、锦标赛、球员受伤后复出的比赛）。但是，场景也许是在失败之后的更衣室或乘坐公车回家后发生的事情；或者是教练把一个女孩叫到场边上说话，或者是教练和队长为下一场比赛集思广益。请记住，你如果把他们的话语记下来作为直接引语，对于很多场景的描述都会大有裨益——记录两个或两个以上的人之间的对话（录音机将发挥很大作用），

① 关于作家在这种情况下如何选择人物角色，参见玛德琳·布莱斯的《这些女孩：希望就是力量》。

或者记录一个人回答你的问题。

什么才是真正有趣的素材，应当进行详细检查，而哪些素材不那么有趣，可能要被缩减（或最终被忽略）？在写作项目中，你花费在关注某个特定人物或事件上的时间与你在作品中描述他/它们所用的词汇量并不是成正相关的。有时，作家需要退让一步，并采取整体措施。仅仅某个段落写得很好并不意味着你需要保留它。就像一位著名小说家曾经说过的那样，作家的一项必要的能力是割舍心头肉的能力——曾经看似珍贵的东西，但回想起来或从更广的视角来看，并不是很珍贵。

同样，优秀的作家经常变换他们关注的焦点。有些事物需要仔细观察——擦破了皮的膝盖、身体上的瘀伤、被撕破的运动衫或者搭在肩膀上的手。还有一些事物最好从远处观察——并不是说你要坐在教练的长椅上（尽管你能有本事坐在那个长椅上）观察，但是露天看台的后排坐着一位忠实粉丝，他待了一周又一周。他从那里看到的是什么？过了一个季节又一个季节，年复一年，发生了哪些变化？考虑从近距离特写的角度进行观察，再从远距离的视角进行观察，进而切换到“上帝的视角”（可能是最具包围力的视角），然后再返回近距离观察。记下每一种方式下所观察到的内容。

此外，记得要经常思考。记笔记并不意味着简单地“全部吸收”，而是要注意观察。用亨利·詹姆斯的话来解释：你希望做到观察事物不留死角，你希望能够观察到类似这样的一些事情。我曾经在我的社区里参加过由养蜂爱好者举办的一次春季会议。主持会议的那位女性穿着一身黑色的衣服，外套是黄色的风雪大衣。也就是说，她的着装是蜜蜂的颜色！会议间歇时，我问她是否刻意选择穿上黑色和黄色的衣服。她问道：“你说的‘刻意’是什么意思？”她完全不明白我在说什么。但是对我而言，她的着装是个很有趣的细节。换句话说，一个简单的观察就可以带来深远的含义。如果我要写关于那次会议的文章，我会找一个方式把主持人着装的颜色写入文章里。

积极和消极的调查研究

故事的写作角度，对我来说就意味着创造性地选取自己所需要的角度。“与他人出去闲逛”是个不错的方法。“像苍蝇那样趴在墙上静静观察”也是一个不错的策略，只要是发生在屋子里的事情，就值得你花上点儿时间。但是，如果你感到事情无趣，那么你就应该飞到别的房间去看看。

举个例子：上文中提到我在辛辛监狱进行研究的时间比我

原本计划的时间要长，因为我还没有充分了解那个地方，还没有进行足够多的观察。我的文学经纪人（她也是一位出色的教练和编辑）向我发问时的场景仍然历历在目。她在我调研的过程中多次问道：“你写作的主要人物是谁？他们有什么故事？你怎么样了？故事如何收尾？何时结束？”我认为最后一个问题很简单。“我从辛辛监狱离职的时候，故事就结束了。”我说完之后感觉这个回答有点儿愚蠢。她瞪了我一眼，问：“圣诞节、元旦以及岁末的时候监狱里会是什么状况？”我告诉她，我听说我最熟悉的 B 区在元旦前夜的气氛特别狂热，那里有许多年轻的囚犯，而且都是刚入狱的。我解释说：“他们扬言说要在午夜放火。”她瞪大了眼睛看着我，那眼神像是心理治疗师听到你回答了她提出的问题似的。“什么？我那天晚上要上班吗？晚上不是我值班，我上的是早班。”我回答了她。她再次瞪着我。我这次没再装傻：“好的，我明白。是的，也许我可以和其他人换个班。”后来我确实这么做了（这很容易，没人愿意在新年前夜工作），那天晚上我发现了《纽杰克：辛辛监狱守卫记》的结局，我那本书的最后一章标题就是“新年之火”。我没有通过扮演导演的角色来改变犯人的行动，我并没有让犯人们去放火，我也没有发放火柴。我只是让自己处于一个能够观察到他们行为的位置。

有的时候，只有通过与写作对象合作，才能见证特定的场合。我写了一篇关于奥菲利亚·达尔的简介，她是非政府组织“健康伙伴”的创始人（与保罗·法默和金墉一起创办）。达尔不太喜欢宣传，希望我和她在位于波士顿的办公室里聊上一天，那样的话，她就能提供给我所需要的素材。不过，我知道如果我能够跟着她去该组织的创办地——海地，我就会经历更多的场景，得到更多的有趣素材。在我的不懈请求下，她最终同意了，并帮我安排好了行程。我们一起乘坐航班，一同经历辛苦的车程，所有这些都是潜在的素材。

同样，在我写作《人类之路》一书时，我获准与以色列士兵一起生活一段时间，观察他们在控制约旦河西岸巴勒斯坦人行动的高速公路检查站的工作人员。我的下一个目标是陪同巴勒斯坦人谈判，建立一些相同的检查站。一天晚上，一位名叫萨迈赫的巴勒斯坦服务员来到我当时入住的纳布卢斯的酒店，他认为和我见面是我要对他进行一次采访。他肯定地说，他在耶路撒冷的一家餐馆工作过。实际上，他会在早上回到酒店。后来他补充说，往返的行程很困难，因为他未经以色列许可就在耶路撒冷工作了。我的心跳加速，直到采访结束时，他对我有所了解之后，我才敢提出请求。我问他：“我明天可以跟你一起去吗？”萨迈赫考虑了几分钟，终于同意了。他给了我去他母亲的房子的路线，我们将在早上 8 点钟从那里离开。我也曾预计当我到达房子的时候，发现他已经走了，或者他告诉我他改变了主意。

结果是，我和他一直待在一起，我们乘坐出租车逃避检查站，我们绕着又一个检查站走了很长的路，而在他认为另外一个检查站不会为难他的时候，他在检查站外等待了大约两个小时。最终，我们躲在西耶路撒冷（以色列一侧）的一堵墙后面，跳出来在东耶路撒冷（巴勒斯坦一侧，萨米赫所在的公寓）叫出租车。那天晚上晚些时候，我们一起走进他公寓楼的大厅时，萨迈赫朝我笑着说："所以你现在已经看到了，这是我在耶路撒冷的家。"他伸出手与我握手道别。

我告诉他，我一直期望去看一看他实际居住的房间。他有点儿忐忑，向大厅里其他一些年轻男子问了问情况。最后，他带着我走过几段昏暗的楼梯，到了他的房间。他解释说，没有供水，因为这栋建筑物未获准居住用途，而且他也是非法居住。我感谢他带我看了房间，并答应不会透露房间的确切位置。我知道这次参观的房间可以成为我的书中一个精彩的场景。

总而言之，与小说相比，非小说类记叙文写作的局限性在于作者在很大程度上无法掌控他要描述的事件，也无法编造故事。即便如此，非小说类作品的研究过程为我们提供了各种各样的创新机会。除了观察（并记录）周围发生的各种事情外，作者还必须不时地问自己："我从一个场景中能够得到什么写作素材？我遇到的哪个人可能成为文章中的角色？我可以和他们一起经历些什么？我能去哪些能够观察到有趣事情的地方？事件发生地在哪里？我如何到达那里？"拥有一些经验将令你更好地把握研究的方向。请记住，研究是一种创新行为。

做笔记的方式

每个人都能设计出一种适合自己的快速做笔记的方法。我不打算在这里给出一个具体的方法,但是我可以提出一些建议。

每个人在不同程度上都需要快速记下自己思想的办法，即当我们遇到一个名字、一个标题、一个外语单词、一个玩笑以及遇到一个问题时的所思所想。常用的解决方法是将小型纸质笔记本放在手提包、口袋或背包中，把文具用品放在笔记本附近。笔记本可以是花哨的"鼹鼠皮"品牌的，也可以是一美元商店中最便宜的螺旋式装订笔记本。由于方便的尺寸和宽广的书写面积通常无法同时实现，因此大多数人将小型纸质笔记本与较大的主题笔记本或计算机（通常是笔记本电脑）配合使用，而越来越多地使用平板电脑（有时带着键盘使用）。当一个人舒适地闲坐某处，会用较大的工具；当一个人在旅途中，就会带上较小的笔记本。

就个人而言，我喜欢打印的笔记。它们易于阅读、扩充（如果你以后还有内容想添加）、搜索和备份。我的个人工作流程通常包括在旅途中用笔和可以塞入后兜的小笔记本记录，然后在一天或一周结束时在计算机上重写并扩展这些笔记内容。当我在旅途上花了太长时间而没有在计算机上转录和重写时，我会感到不安。有一次，在与来自蒙巴萨的肯尼亚卡车司机的车队进行了 3 周有趣的旅行后，我没有任何设备可以把笔记打印出来。我复印了我的手写笔记，花了近 100 美元邮寄回家，然后继续前往饱受战争摧残的卢旺达，这样的做法让我很安心。这种感觉类似于通过出售股价升值巨大的低价格股票来锁定收益（我倒不是真的体验过股票升值的这种感觉！）。

我认为，关于笔记的绝对最重要的事情是它永远不会丢失。多年来，我一直被埃德蒙·利奇的人种志作品《高地缅甸诸政治体系》（1954 年）中的内容困扰着：当日本军队侵入缅甸的时候，利奇已经完成了博士论文的一部分，但他弄丢了这部分内容以及他的所有笔记和照片。我看完之后的反应是一定要不断复制笔记。

理想状况下，你的笔记还应包括照片、录音甚至视频（你可能会选择转录一些音频和视频；而其他文件的价值还在于有助于你回想起某个场景、声音或者某种情感）。智能手机的出现使照片、录音和视频变得非常容易。但是，依赖智能手机的风险是，手机电量已耗尽的时候周围没有电源插头，手机死机的时候又找不到维修店。因此，请始终记住：带上一些纸和笔。

调研的深入程度

什么时候应该留下？

什么时候可以离开？

冲突是什么？

你有了经验，就会更好地利用研究来有意识地为后续写作打下基础。首先我需要了解这件事情，需要尝试一下那件事情。如果你打算写记叙文，那么就需要考虑一下如何叙事：故事如何开始（正如我的经纪人所强调的），故事什么时候结束，如何写结局，以及开头和结尾之间如何叙事。你的调研时长取决于很多事情，包括你打算写什么。有些想法可以写成文章，另一些想法则可以写成书籍。

例如，在我被纽约州聘为狱警后不久，我当时确定的目标是为《纽约客》写一篇文章，内容是我在奥尔巴尼的狱警培训学院的经历。我认为这个为期 7 周的新手训练营是最先给我灌输狱警行业价值观的地方，它使我能够近距离了解狱警的一些基本问题：狱警是否像其他行业的人员一样通过培训上岗、转变角色？这个工作是否对某类人产生吸引力？长篇文章似乎正合适。

在狱警培训学院的最后一个星期五，我和我的同学收到给我们分配工作职位的通知，我得知自己被分配到辛辛监狱了，感到很高兴。那个时候，我想把接受的培训内容付诸实践，看看狱警的工作究竟是什么样子的。辛辛监狱离我位于布朗克斯的家不远，所以我知道我能够继续进行这项研究，这与我被安排去约 6 个小时路程之外的阿提卡不同。除此之外，在监狱中从事的实际工作可能会让我进行深入体验，我可以写的不仅仅是一篇文章，我的脑海里已经开始计划写一本书了。

另一个例子来自我的朋友马修·鲍尔。在他悲剧性地去世之前（他于 2014 年在乌干达为写一篇文章而做调研的时候去世），马修是我认识的最多产和最成功的杂志作家之一。他为全国性的各种杂志写作，行程遍布世界各地，写作的内容包罗万象，包括马尼拉最大垃圾场的人性化方面、柬埔寨的疟疾控制和卑诗省温哥华的针头交易等。我认识马修的时候，他的这些成功作品还没有问世，当时他参加了我在佛蒙特州的布雷德洛夫作家大会上组织的写作研讨会。我当时就感觉到他的写作能力已经超过研讨会其他参与者的水平。他承认，他带到研讨会上的写作手稿刚刚被《信徒》杂志采用，将要发表。他说，他希望从研讨会上能够了解到写一篇文章和写一本书之间的不同之处，以及调查研究在两者中所起到的作用。

这是一个难题。答案主要取决于：这个主题有多丰富？保质期是多久？这个话题会在 5 到 10 年之后仍然有意义吗？在写作实践上，你需要多少文字才能实现文章的目的？（我写的长篇文章的篇幅通常为 3000 至 9000 字，一般的非小说类书籍通常为 9 万至 12 万字）最后，对于这个主题，读者有兴趣花时间读较长篇幅的文章吗？你有兴趣为了写一本书而投入时间吗？

写作研讨会召开的两年之后，我接到了马修的电话。他利用活动间歇时间用公用电话打给我，告诉我他正在跟踪一项探险活动：一群朋克无政府主义者在明尼阿波利斯附近自制了一艘木筏，他们坐着木筏正沿着密西西比河漂流，他们的目标是墨西哥湾。他是探险团队中的一员。

我说："哇，听起来可以写一本书。"

马修回答，好吧，也许可以。但是出现了一些问题。他后来在文章中写道，两周的漂流之后，探险团队成员之间的分歧越来越大，他们仍然在明尼苏达州——每天大约漂流 7 英里，行程还剩下 1600 英里。船长是一个像亚哈船长那样的自我主义者，马修不知道自己还能忍受多久。

我说，我完全理解。他也是个普通人，但是如果可以忍受的话……

后来我得知，马修尽可能地等待事情好转，直到最终退出。这段探险经历成就了一部刊载在《哈珀》杂志上名为《密西西比河漂流》的作品集，总共 8750 字。这些文章篇幅虽小，却是杰作。在马修留下的大量文章中，这些文章占了我喜爱的他的作品的大部分。它们可能写成一本书吗？有可能，但是实际上不行。

我在辛辛监狱的经历和马修·鲍尔的例子都表明，调查研究的内容与写作的内容之间存在相当精确的对应关系。但是事情也会发生逆转。在辛辛监狱工作了一周之后，或者大概是一个月的时候，我可能被发现并被解雇，或者没能力完成，或者我的妻子、蹒跚学步的儿子和襁褓中的女儿在家里需要我。即使我可以了解到更多信息，我也可能还是选择只写关于狱警培训学院的新兵训练营。同样，马修可能还要再待上 3

个星期，才能到达爱荷华州迪比克。那也并不意味着他的叙事必须包括那么长的行程。研究产生大量宝贵的原材料，而且通常太多。从研究到作品的过渡需要仔细策划：必须剔除一些材料。我为了写《纽杰克：辛辛监狱守卫记》而打印的每日笔记比《纽杰克：辛辛监狱守卫记》一书本身的字数要多出约 50%。美丽的树篱需要修剪。我的朋友杰伊主要是写小说的，但是他用类似的比喻来形容从早期的草稿（其中包括许多他不确定的事情）过渡到整理完毕的草稿。对他来说，这就像用一大块黏土进行雕塑。黏土是你的原始信息、原始思想、原始故事，完成的作品是你细致地雕琢和捏刻的作品，以实现艺术为目标（杰伊说，他通常会扔掉 50%的黏土）。

在沉浸式写作中花费时间是必不可少的，时间用于建立信任和积累知识。随着你所花费时间的推移，认识的差异性消失，你拥有了感同身受的感觉。阿德里安·尼科尔·勒布朗为了她的作品《随机家庭：关于纽约布朗克斯区的爱情、毒品、纷争和转折》花了 10 多年的时间来进行调研。如果要计算她在调研活动中的每小时收入，那将是微乎其微的，可能也就是几分钱。这不是每个人都能负担得起的选择。我认为，这本书没有使阿德里安变得富裕，但是《随机家庭：关于纽约布朗克斯区的爱情、毒品、纷争和转折》备受推崇，将会经典永存。

有的时候你迫不及待地想要完成一个写作项目，或者你的课程，出版物有截止日期，抑或是你自己设定了最后期限。20 世纪 80 年代后期，我搬到阿斯彭。当时的想法是在那里居住一年，为了写一本关于这个镇子的书而进行研究。后来我就很难按计划离开这个镇子，我住了将近两年，在那里非常开心。在我的书《暴风雪》里，有一位阿斯彭的朋友形容这种感觉时用的短语是“离别的恐惧”。

有的时候你无法决定。尽管在辛辛监狱的时候，我经常感到“害怕留下来”，但每当我想到从监狱辞职后生活会变得愉快，我的心就会稍微平静一些，甚至随着工作时间的增多，我拥有了狱警的技能和能力，培养出了奇特的自豪感。我记得有一天晚上吃饭的时候，我告诉妻子我报名参加了警官考试，她紧张地看着我。虽然她也一直期待着好一点儿的日子早点儿到来，比如我不必在周末工作、我们可以告诉所有朋友们我在做什么、我回家的时候不用抱怨工作烦琐之类的问题，她还是问道：“你为什么要申请考试？”

“嗯，每 5 年才有一次考试机会，”我解释道，“而且我的薪水会大幅提高。”

“你都在说些什么呀？这份工作你打算干多久？”

“我也不知道……只是比之前预想的要做得久一些。我也不一定最终去参加考试，离考试的日期还有几个月呢。现在说不准。”

她满脸不信任地看着我。我说：“好吧，我不参加考试了。”她仍然盯着我。我最终只好说：“算了，我不参加考试了。”

我讲这个故事只是为了说明，在一个长期的沉浸式写作项目中，有时最困难的挑战之一是保持判断力，而且关于这方面也没有固定的规则，只是不要过早退出。但是，除非你在调查研究的过程中意外地发现你追求的事业，否则你不要去参加警官的考试，即不要投身于这项事业。

当你在调研过程中站稳脚跟时，我最好的建议是定期停下来，精神上休息一下，查看一下你在调研过程中的位置。找一个周末（或者更长一点儿的时间）回到作家的身份上，然后自问一些作家会面对的问题。如果你的目标是写书，那么书中会有哪些章节？你能写出纲要来吗？你能否回答类似我的经纪人所提出的问题：故事如何开始？如何结束？过程中发生了什么？如果你写的不是一本书，那么你的文章是否已经有了足够素材？如果你身边有朋友、顾问或者编辑可以发表他们的意见，定期与他们联系，听听自己向他们的解释，并听听他们的回答。

IV. 卧底调查

“人不是他自己以为的那样，而是他所隐藏的那样。”

——安德烈·马尔罗，《奥腾堡的核桃树》

我认为卧底报道是作者的秘密核武器。以直接提问的方式进行的调研将会使你所获取的信息受到局限，而且如果写作主题非常重要，即使卧底调查会带来不少风险，也是值得的。我在上文中提到，秘密卧底研究可能会导致写作对象受到伤害，通常还会使被研究的对象处于情感上和精神上的压力之下，并且可能损害作者的信誉。

即便这样，卧底研究的吸引力似乎是显而易见的。秘密行动令人兴奋，暗中研究有望带来启发，并且常常会收到良好效果。在影视作品中的揭露造假的情节中，执法人员、间谍或记者往往会进行卧底活动。这样一来，他们似乎常常有机会重塑自我，为自己重新制作一个身份介绍。谁不想进行卧底调查呢？

一些刚开始从事新闻工作的作者倾向于将“卧底行动”作为第一选择，而不是最后选择。卧底的吸引力很明显：它省去了解释自己以及诚实地请求采访的麻烦，却不是欺骗。在小说中，隐身通常无异于卧底：哈利·波特穿着隐身斗篷；此外，我曾经的邻居哈里·圣几年前曾经写了一部小说《隐身人回忆录》，主角在一次偶然的事件中被放射线辐射，从而变成了一个别人看不见的人，他因此可以暗中观察别人。

但是卧底活动有诸多弊端。我 18 岁时曾经试图假扮澳大利亚人。我和我的美国朋友罗斯在北美洲骑自行车时遇到了一位富有魅力的澳大利亚人罗伯·韦斯顿，他的目标是骑自行车环游世界。在一起骑了几天后，我们要向不同的路线出发了。那天晚上，一对加拿大老年夫妇邀请我和罗斯在一个露营地共进晚餐。我决定那天晚上“成为”罗伯·韦斯顿，我可以讲述他的故事。我甚至学会了他的口音（尽可能地模仿），在晚餐后吃甜点时，我令这对老年夫妇相信我曾是南澳大利亚库纳瓦拉的一名葡萄园工人。

这样的做法有两个方面的后果：首先，我筋疲力尽，扮演罗伯的工作量很大。这对加拿大老夫妇根本没有问罗斯任何问题。我扮演的澳大利亚人是餐桌上的异国情调，他们想知道关于我的一切。我不仅必须对我不知道真正答案的问题做出回答，还必须记住这些回答并确保所有内容总体上是正确的。长时间以不同的口音说话也很累人。

但是，当晚餐终于结束后，最难受的事情就是自己的感受。总的来说，我对罗伯·韦斯顿的模仿是我有史以来最大的谎言。这么做是为了什么呢？我出于我的娱乐目的而欺骗了这对热情好客的夫妇，只是想尝试一下自己的模仿是否逼真。我为自己感到羞耻，第二天早上我向他们匆匆挥手告别，我记得从那个营地骑自行车出发是一种巨大的解脱。如果邀请我们在营地共进晚餐的友善老夫妇意识到我假装澳大利亚人怎么办？他们会感到受伤还是生气？

一段时间后，我在《华尔街日报》的头版上读到了一个故事，类似当下报道的有关在网络约会中没有如实介绍自己的故事。记者以第一人称的方式描述了通过新兴的视频约会网站他与几位女性的相亲经历。他没有告诉她们他是记者，也没有说他将要把相亲的经历写成文章。他实际上很喜欢其中的一个女性，并且在两个月内与她约会了至少 3 次，显然他从未告诉过她，他其实别有用心。我想，如果你是那个女人，你会有什么感觉？即使他为了保护她的隐私而改了她的名字，但如果她阅读了这篇文章并意识到其中的主角是自己的时候会怎么样？她是否立刻意识到自己被利用了？他这么做真的就仅仅是为了写一篇简单的专题报道？（文章刊登在过去的时代，标题和副标题是《小心点，雷德福德：我们的男人正在闯入单身圈》。他尝试了“视频相亲”服务，自我感觉良好。）

从某种意义上说，秘密卧底报道是一种简便的解决方法：如果你假装自己不是在做调查研究，就可以避免研究时的尴尬。但是大多数好的报道都是基于坦诚的关系。如果你的写作对象不知道你的目的是什么，那就没有坦诚而言。诚实的自我陈述应该是新闻工作者以及其他作者的默认选择。

大多数大型媒体都有关于卧底报道的明确规则，有些媒体则完全禁止。《纽约时报》的职业道德规范总共有 57 页，其中规定：“本单位员工应向新闻报道涉及的人员（无论是面对面采访，还是其他采访）公开身份。当然，记者在通常情况下获取公开信息时不必总是公开宣布其记者身份。”按照我的理解，该规则虽然存在，但是卧底报道并不受制于那些约束传统新闻报道的制约措施。卧底报道并非总是能够仔细检查消息来源，也不能总是记录笔记，这样的报道为不讲真话的记者打掩护。反对卧底报道的理由是：“作者隐瞒了他的消息来源。我们怎么知道他没有欺骗我们？”在旧媒体环境中，规模较大的媒体数量并不多，反对卧底报道的部分原因是为了保护品牌的声誉，因为一个说谎的记者可能会污染整个行业（而事实上这样的事情时有发生）。

然而，一些正在阅读本书的有抱负的作家不会与主要新闻机构（或主要出版商）有任何联系，他们的工作环境中并没有一套明确的制约制度。因此，从事沉浸式写作的作家就会这样问：如何开展卧底调研是可以的？又有哪些是不能做的？

首先要面对的挑战是定义卧底。我在纽约大学的同事布鲁克·克罗格在她的书《卧底报道：关于欺骗的真相》里写道，《华盛顿邮报》要求记者不得虚假陈述自己，但是在一则长篇报道中，实质上是允许了这样的做法，这篇报道是关于全国退伍军人管理局的医院里发生的不合格护理的情况。记者达娜·普里斯特和安妮·赫尔（与摄影师米歇尔·杜西尔一起）于2008年获得了普利策公共服务奖，之后他们的卧底调研方式公之于众：他们多次以患者、患者家属的身份或者扮成医院员工直接走进了沃尔特·里德军队医学中心。他们没有声明自己是记者，并且显然也没有出示自己的笔记本电脑、录音设备等容易透露记者身份的物品。假扮护士或医生的身份越过了《华盛顿邮报》禁止的界限，但克罗格在书中发问：

“对于新闻记者来说，不是故意撒谎（撒谎强调的是故意说谎，因为谎言往往需要主动说出来）与以误导为目的而制造假象，这两者之间有区别吗？”

我倾向于认为两者有区别。让人们自己得出结论（而不是纠正错误印象，普里斯特和赫尔显然也没有纠正他们给别人造成的错误印象）是一种比积极模仿他人更温和的欺骗手段。即使存在区别，两者之间也很难有区分的边界，灰色区域仍然很广阔。例如，在科罗拉多州的阿斯彭，我是一名报纸记者（在《阿斯彭时报》工作），然后我也是一名出租车司机（为浅黄色出租车公司工作），作为研究我的著作《暴风雪：迷失在阿斯彭》的方法。《阿斯彭时报》与我共事的大部分同事，包括出版商和整个编辑团队都知道我在写书。我与他们公开进行讨论（而且之前就写作项目我面对公众进行了演讲）。但是在为《阿斯彭时报》报道故事的过程中，我采访的对象并不知道这些。其他大多数出租车司机都不知道我的身份（有些人担心我是缉毒警察），乘客们也不知道，除非我主动告诉他们。那我在阿斯彭是“卧底”吗？我从来没有那样想过。实际上，我更喜欢称自己的做法是沉浸式调研，“卧底”意味着作者试图接近一个阴谋，设法抓住涉嫌非法的那些人的罪证。

但是我明白为什么，当我与不了解我真正意图的人打交道数周或数月时，“卧底”标签可能就会被贴到我的身上。我有两个引以为傲的项目：我的书《纽杰克》和我在《哈珀》杂志上发表的长篇文章《与血肉打交道：在工业屠宰场里当卧底》。

在担任纽约州狱警之前，我一直尝试以常规的方式研究狱警的生活。《纽约客》杂志让我写一篇关于纽约上州的狱警家庭所在的社区（在那个小区有很多狱警家庭）。但是后来我发现，该州的监狱管理局不允许我二次采访他们，更具体地说，他们允许我对采访对象所工作的监狱进行了一次正式参观，但是他们拒绝了我的第二次访问请求，声称这样的参观具有危险性，也拒绝让我亲眼看看我所感兴趣的狱警的实际工作状态。

我对这样的拒绝越想越不高兴。监狱惩教机构在纽约州是仅次于威瑞森电信公司的第二大雇主。该州监狱惩教机构当时的年度预算为 16 亿美元。然而，由于管理层决定禁止监狱惩教机构对外开放，因此新闻媒体对于这些机构的报道几乎为零。在我看来，这是不对的：监狱惩教机构毕竟不是中央情报局，国家安全并不会因为这些机构被访问而受到威胁。这些机构只是看守所、监狱和关押场所，我和这个州的其他纳税人为此付了钱。我也不相信我第一次探访的那个中等安全的监狱会给我的安全带来威胁。我觉得自己有权访问监狱的最大原因在于监狱显然是一个社会问题的聚集地：监狱中的人数创纪录，这主要是打击毒品造成罪犯人数增多以及强制性准则的运用剥夺了法官在裁判时的自由裁量权。也不是所有的罪犯都会被一视同仁地关押，监狱中有大量的青年有色人种，存在大量的种族、阶级和惩罚的深刻问题值得思考。我觉得我们应该去调查一下。

因此，我申请成为一名狱警，在这份工作上花费的时间比我预期的要长得多。我等待了几个月才得以参加了一次公务员考试，然后等待了几年才得到面试邀请。提交求职申请书时，我没有撒谎……但是我也没有提供额外的任何信息。求职申请书没有询问我是否写过书。的确，我拥有4年制大学的学士学位，但是这个学位对于申请狱警工作来说也不是很反常。我把我的职业列为“自由作家和研究员”，这确实名副其实。我列出了我过去曾从事的其他各种工作——其中有很多都不是体面的工作（公寓经理、SAT导师、健美操教练），这是我早年为支持写作事业而做的事情。然而，我不得不省略一个有可能危及这次申请的工作经历：《阿斯彭时报》的记者。但是没有人会对此进行指责。唯一一次质疑我过去经历的情况是在与心理专家进行的一对一对话。她注意到我作为美国志愿者服务计划的一名志愿者在得克萨斯州度过了一年，并向我询问了有关情况。她小心翼翼地问："从志愿者到为监狱工作，这是不是有点儿反常？"我竭尽所能地用演员克林特·伊斯特伍德式的目光凝视着她。"人是会变化的"，我平静地说。"好的！"她回答。

当兰登书屋聘请外部律师来审核我的书时，我没有撒谎并复印了一份申请表，这一做法变得很重要（请参阅第 152 页的"表格 3　法律问题"）。后来我和律师见了面，他说这一做法使他感到出版商被起诉的可能性很小，而且出版商在诉讼中也处于有利地位。

我记得几年后当我申请成为美国农业部肉制品检查员时的一次经验教训。在申请表上填写姓名的时候，我提供了出生证明上的姓名，以及包括泰德在内的曾经使用过的昵称。但是我还有些担心其他问题，例如要求我提供雇主和工作职责的问题。那时（直到现在）我还是纽约大学的新闻学教授，任何人使用谷歌都可以查到。我心中默默祈祷他们不会使用谷歌搜索"泰德·康诺弗"，显然他们并没有搜索。关于我在纽约大学的工作职责，我解释说："我在办公楼里工作。"

我隐藏身份申请这份工作的理由是，食品卫生对于公众有着重要的利害关系，生产肉类产品的屠宰场像监狱一样，只是允许记者参观，但对公众并不开放。但是，根据法律，如果没有联邦检查员在场，他们就不能进行屠宰。我认为，检查员的工作既可以使我不断进入屠宰场，又能使我熟悉政府保护食品供应的方法。

《哈珀》杂志经常刊登一些作者未向写作对象披露自己真实意图的文章，为这些文章提供了适宜的载体，并出版了此类文章的合集《沉浸式新闻》，展示了秘密报道可以以多种多样的创意产出引人入胜的新闻。该文集的一篇文章中，作家克里斯托弗·A. 加林写道，他签署了一份令人不安的爱情买卖之旅（《异国韵事：寻找乌克兰新娘之旅》）；在另一篇文章中作家杰克·西尔弗斯坦（此时已经是《纽约时报杂志》的编辑）参加了著名诗人学会在里诺的一次会议（《什么是诗歌？写诗能够赚钱吗？》）。

该系列中的其他作品都带有明显的政治色彩，例如，韦尔斯·托尔的《密切关注布什投票：佛罗里达州的共和党精锐部队的卧底》，以及杰夫·沙利特的《唯有耶稣：卧底在美国的秘密神权政治家中》。有人质疑，在所有这些写作案例中，为了公共利益而使用欺骗手段是不是正当的，这很难得出一个定论。无论如何，该系列中有一篇文章格外引人入胜，也是最具创造力和离谱的一篇：肯·西尔弗斯坦撰写的《华盛顿的内线：与受雇的游说者一起卧底》。

长期担任政治通讯员的西尔弗斯坦写了许多关于金钱在华盛顿的影响力的文章，他认为这没有引起足够的重视。因此，他做了一些戏剧性的事情。他找到各种顶级的游说公司，并表示自己是土库曼斯坦政府的朋友，声称土库曼斯坦政府需要一些帮助来提高其在美国立法者中的声誉。游说者屈从于可恶的独裁统治的程度有多低？事实证明，非常低。

他征求了几家顶级公司的建议，然后带着录音机到他们办公室开会。公司一个接一个地展示了金钱可以购买的能够扭转糟糕声誉的方式：与国会主要议员和高级别官员举行会议，在报纸专栏中和政治脱口秀节目中植入观点等媒体宣传，还可以通过智囊团和学者（即通过付费方式）来发表有利的论文。

一方面，西尔弗斯坦说，这篇文章引起的关注度比他的其他关于游说者的文章加起来还要多。西尔弗斯坦说谎了吗？确实，他精心地设计了谎言，有人把他批评得体无完肤。这样的谎言有正当性吗？我发现自己并不会为那些说客的痛苦或者他们浪费的时间而感到不安，因为他们是美国民主的有害力量。另一方面，可以说西尔弗斯坦的诡计等同于保守主义者激进分子詹姆斯·奥基夫的政治欺骗。

近年来，奥基夫与众多自由派人士捏造了共同的事业，并在他的隐藏摄像机上录下了证明这些人士罪证的陈述。他假装是个“皮条客”，寻求商业建议，并拍摄了社区组织改革协会（一家由联邦政府部分资助的非营利性社区组织）的一名员工，向他咨询如何规避法律。这一做法给该组织造成了巨大的负面政治影响，该组织损失了数百万元政府和私人的资助，之后完全关闭。还有一次，奥基夫在与美国国家公共电台的高管吃午餐时录了视频，这位高管显然认为奥基夫所属的“穆斯林兄弟会”想捐赠给电台 500 万美元。尽管高管作为美国国家公共电台的代表并没有接受这笔钱，但是视频记录了他批评茶党的保守派和其他人士。视频流传出来的第二天，他的老板，美国国家公共电台的总裁兼首席执行官就辞职了。

因此，卧底报道很容易引起广泛关注，并且可以揭露一些真相。但这与严肃作家为了寻求对社会的深度理解而采取的手段有所不同。对我而言，卧底研究的更大益处在于有机会获得内部人的视角。在卧底研究的环境下，写作对象把研究人员视为他们“其中的一员”，极大地减少了他们因为有外部人士参观而表现出不同行为的现象。这样，可以更快地以内部人的视角来进行研究（话虽如此，卧底研究终究不是万灵药，有些研究人员对于不告诉对方自己卧底研究的真实动机而感到懊悔，而这样的人往往难以清楚地了解到身边发生的事情。在这种情况下，卧底身份可能拉大了研究人员和采访对象之间的心理距离）。

沉浸式著作中有一类是有关卧底研究的作品。除了《沉浸式新闻》，还包括在乔治·奥威尔的《巴黎和伦敦落魄记》、约翰·霍华德·格里芬的《像我一样的黑人》、甘特·沃拉夫的《不受欢迎的记者》、戴维·欧文的《高中》；约拉姆·比纳尔的《我的敌人，我自己》、诺拉·文森特的《假装男人》和《卧底精神病院：我在疯人院的日子》、加布里埃尔·汤普森的《卧底工作》、特雷西·麦克米伦的《美国饮食方式》。我会仔细研读其中的3本书（格里芬、比纳尔和文森特的著作），它们很好地解释了卧底调研中的许多复杂问题。

约翰·霍华德·格里芬的《像我一样的黑人》可能是有史以来最畅销、最具影响力的沉浸式记叙作品。格里芬是小说家，在法国读完高中，在第二次世界大战期间受了伤，然后带着妻子和两个孩子回到他的家乡得克萨斯州曼斯菲尔德。当时，该市的公立学校饱受种族隔离问题的困扰。格里芬是一个对托马斯·默顿的普世教育主义着迷的宗教人士，他想到了一个做法：他把自己的皮肤染成黑色，到南方种族问题突出的地区去游历，以亲身经历见证白人的种族主义以及了解黑人的自强精神。最初，他是为《乌贼》杂志的系列报道而写下这些经历，该杂志的老板是一位白人进步人士，杂志以非裔美国人为主要读者。

格里芬在密西西比州、亚拉巴马州、路易斯安那州和佐治亚州找到了他所要的东西。在他乘坐灰狗巴士的时候白人司机不允许他下车去洗手间；之后他搭便车时遇到的另一位白人司机提出了一系列淫秽的性问题；他所经过的各个城镇的黑人很快就教会了他如何保持低调和避免麻烦。格里芬对此感到深深的震撼，他在书中生动地讲述了他不断意识到的白人一生中一直都看不见的黑人的痛苦。

《像我一样的黑人》简短易读，于美国黑人民权运动初期的 1961 年出版，自问世以来就对美国有关种族的讨论产生了深远影响。这些年来，它的影响力减弱，特别是当其他种族作家的书籍在美国文化中逐渐占有一席之地的时候。我在高中时读过这本书，但是时至今日这本书仍极大地影响着我以及和我一样的数百万人。

约拉姆·比纳尔的作品《我的敌人，我自己》在北美鲜为人知，是我在准备写作本书时发现的。《我的敌人，我自己》于 1989 年出版，被誉为“中东版的《像我一样的黑人》”，描述了能说一口流利阿拉伯语的犹太人比纳尔为“深入巴勒斯坦人的头脑”所做的努力。1984年，比纳尔经过了几次努力在特拉维夫的偏僻巷子里的一个小旅馆住下并为这个旅馆的婚宴厅工作，这个旅馆的主要房客为巴勒斯坦人；比纳尔还曾在特拉维夫的一个饭馆里当服务员，约会了一名他误认为阿拉伯女人的以色列人；他还在加沙难民营度过了一段时间。这本书与《像我一样的黑人》一样，描述了许多令人不快的场景。其中特别令我印象深刻的一个情景是，比纳尔晚上在特拉维夫的一家小餐馆洗碗，当时房东的姐姐和她的男朋友认为他正在洗碗的房间是个发生性关系的好地方。然后……

我突然感到浑身一阵战栗。我意识到，他们并不是为了想让我看到而进行色情表演。即使他们实际上在我的鼻子下面进行性交，也丝毫不在意我所看到或感觉到的。对于他们来说，我根本不存在，我是看不见的、无足轻重的人！我很难描述我所经历的极端屈辱感。回顾过去，我认为这是我整个卧底经历中最令人沮丧的时刻。

比纳尔在写作报道中制造出道德困境，叙述了他如何坚定不移地面对这些困境，尤其是这些困境具有的启发性。

此后不久，他解释说，犹太女人和阿拉伯男人之间的性爱相当普遍，因此他决定尝试一段这样的经历。他在一家俱乐部遇到了美里。“她拥有一个文学学位，以打零工谋生。我用带有阿拉伯口音的英语向她描述巴拉塔难民营，告诉她我是从那里来的。”美里上钩了，事情开始有进展了。“我一直这么说着谎，心里疑虑重重。这并不是说我从来没有以不纯动机寻求恋爱关系，例如想找一夜情的愿望。然而，在那种情况下，对方也对一夜情抱有同样的想法。但是我从来没有以冷酷无情的方式利用过一个女人。”

他们躺在床上聊起过往经历的时候，比纳尔得知美里在服兵役的时候曾经在以色列国内安全局询问阿拉伯妇女的现场。听了美里的这些故事，“我的感觉像马塔·哈里从和她上床的政治家那里获取信息时的感觉。利用亲密关系来获得利益，而对方却浑然不觉，这种感觉是一种将他人玩弄于股掌之间的滋味”。

显然，比纳尔也有一种羞耻感，因为在这段经历之后，他在家里喝了几天酒，显然是为了控制自己的情绪。借酒消愁在他的书中被反复提道：“离开农庄之后的几周里，我大部分时间都待在耶路撒冷，处于醉醺醺的状态。我无法放松下来，不断想起最近的经历，这些经历打乱了我内心的平静。”

他的同胞对巴勒斯坦人的态度以及以色列在压迫巴勒斯坦人的过程中所起到的作用，是令他心绪不宁的一部分原因，但是很显然，另一部分原因是他一连串欺骗行为的心理代价。书中最后叙述了一次经历，是关于他在加沙的一个难民营中与一位重要的巴勒斯坦政治领袖的谈话。后来得知真相，这位领袖这样回应：“你做了一件非常丑陋的事。你怎么能在我家里喝咖啡，在我的餐桌上用餐，同时对我撒谎？”

在写作调研过程中，比纳尔试图跨越的社会关系的界限是清晰且明确存在的。我喜欢《我的敌人，我自己》这部作品，因为它叙事大胆，情节出人意料（它不遵循巴以冲突的通常叙述手法），作者真诚坦率。比纳尔分享的内容有很多是用来帮助读者理解他的写作过程的，甚至有一些对他自己不利的内容。

诺拉·文森特的《假装男人》讲述了她为期18个月的一次体验。她是女同性恋者，假扮成男人在男人圈子里活动：参加保龄球队、寄宿在修道院、体验脱衣舞俱乐部、与销售团队并肩工作，她把这样的体验作为自我治疗疗程的一部分。因为书的封面我不感兴趣，书闲置了几年，我才开始阅读。平装本的封面上，作者呈现出两种形象：一个形象是以自己的自然面貌坐着，看上去很时尚，背部微微弯着；另一个形象是以一个男人的面貌出现，看上去是个忧郁的无能之辈。我当时错误地认为这本书没有什么了不起。

实际上，这本书叙事大胆，格局宏大，文采飞扬。文森特生动而具体地提出了将性别作为一种社会建构的观念。她又一次将自己的坦率跃然纸上，写了一篇关于卧底陷阱的文章，这是一篇了解沉浸式卧底调研种种陷阱的好文章。文森特说，她的目标是想要知道成为一个男人是什么样子、感觉如何，正如她所说的，像脱衣舞俱乐部里的男人看女人一样，“要从内部体会到这种感受”。

文森特描述自己是个身材高大的人，脚也很大（根据 BBC 的一次采访，她脚长 11.5 英寸），她将乳房束缚起来，并用胡须刷在脸部刷上一层深色的底色。关于进入角色的问题，她说：

随着时间的流逝，当我对自己的伪装变得更加自信、把自己埋藏得越来越深的时候，我开始更自然地展现男性形象，而我用来塑造这种形象的道具也变得越来越不重要，直到有些时候我根本不需要它们。

如果你足够有说服力，人们会接受你要传递给他们的内容。甚至我也开始更愿意接受镜子里自己的形象，就像周围的人最终接受我一样。

作为她所研究的男性中的一员，我偶尔会反对文森特对男性的笼统评论。她写道："每个人的盔甲都是借来的，而且都大了10个尺码，在盔甲的下面，他们赤身裸体，没有安全感，希望别人看不到。"她在其他地方提到"男人往往在人们面前显得笨手笨脚，拼命地掩饰不安全感和痛苦"。这样分析的大部分原因似乎是受20世纪末流行的一本书的思想启发：《上帝之肋：一部男人的文化史》，作者是诗人罗伯特·布莱，一位男性运动的精神奠基人。自该书出版以来，关于性别的状况也发生了非常大的变化。今天，我认为男人的角色更加多样化，性别角色更加灵活，男性角色之类的问题在整个社会中也更加复杂。话虽如此，文森特并没有谴责男人，而是给予了更多的体恤，她的一些评论赢得了我的认可。例如，在女同性恋艰难的发展史上，有好些年，人们从来没有意识到有些女孩天生具有男性倾向。随着时间的推移，我了解到在两性关系存在压迫的情况下，女孩的表现并不比男孩更好，而且几个世纪以来对女性的压迫并没有使女性在道德上处于上风。

读者无须看到书的结局就可以得知写作对象是否知道文

森特女扮男装的欺骗行为。她经常让写作对象知道自己的性别，并在书中描述了他们的回应。例如，我最不喜欢的一章：做“爱”，详细描述了她在这一段社会实践中的约会情况。她以男人的身份约会过几个女人：“我决定将自己投入与我约过会的 3 个女人的关系中，她们与我的约会不止一两次，而且约会过程还很顺利。”其中的小插曲让我读起来感到不安。正如文森特自己所承认的那样：“我在不同程度上欺骗了很多人，而我的性格中有负责任的一面，我因此感到很不好受。”她补充说：“但是我也为自己在现实世界中的这场表演而感到高兴，这意味着我在撒谎，而且我在以别人为代价享受撒谎的乐趣。”我认为，她最终会为此而感到难过，她也应该如此。

她对那段情感经历作了自我辩解——最终坦白并准备好面对后果（显然只有一个女性对此感到不安。有意思的是，另一位女性却说文森特解释得太多了，因为她开始把文森特称为她的“同性恋男友”：“你的头发打理得太整洁了，衬衫熨得太平了，鞋子也太好看了。”——对于卧底特工来说，她装扮得太考究了）。对于我而言，即使文森特坦白了自己的行为，我仍然对此感到不齿，因为她只是利用她的坦白来取悦读者。

早在本书开始写作时，文森特就写道：“我可以相对确定地说，最终我为自己的那些偶然欺骗行为付出的代价将会比我的任何写作对象因此付出的代价都要高。”事实证明，这是一个伏笔。她最后一次的卧底体验是在纽约州北部的一个湖边度假寓所中参加男子互助小组，活动结束后其意义才变得清晰。文森特明确表示，她喜欢并尊重小组中的一些男人。与她在脱衣舞俱乐部、保龄球馆和销售团队中扮演的那种内向的工人阶级的家伙相比，似乎人们更喜欢她的这次卧底身份。

“我假扮男人的体验之一就是进行欺骗，与这些人在一起的经历体验比以往任何时候的体验都更加深刻。他们精心安排了一个安全空间，我通过撒谎的方式进入了他们的空间。”这个周末度假活动是关于讲述自己的故事并和其他人分享经历，活动中有的场景令人感到颇为震惊，当大家都在准备“周末的巅峰之舞”的神灵之舞的时候，文森特的情绪逐渐失控，她要求其他男人切破她的皮肤。她没有向他们解释，但在书中向读者承认她想要“赎罪”，想要以流血的方式使自己遭受痛苦，为自己的所作所为“赎罪”。最终，男人们说服她放弃了这种想法。

情绪失控使文森特结束了研究。她说，用“精神崩溃”

来描述她未免过于夸张，但她写道：“我认为我的抗抑郁药不管用了。”

每天平淡无奇的风景变得如此沉重，变得缺乏想象力，以至于我感觉自己仿佛穿着水泥做成的衣服一样。我干脆放弃了，或者说我已经部分放弃了，只是还没有放弃去医院治疗这些病痛。

在这段话之后，她用了几页的篇幅来分析自己出了什么问题，几乎所有内容都可以冠以这样的描述：“假扮另一个身份绝非易事……这需要持续的警惕和精力，需要花费大量精力，即使在状态最好的时候也令人感到很累。”苦乐参半、令人恐怖的后记描述了“精神崩溃”，成为她的第二本书的灵感来源。《卧底精神病院：我在疯人院的日子》沉浸式地讲述了她住过的 3 个精神病院的经历，在那里她努力使自己恢复正常。从那以后，她再没有出版过非小说类书籍。

❀ ❀ ❀

诺拉·文森特所说的疲惫感使我想起了我在本章开始时

的描述，在我 18 岁时的一个晚上，我假装澳大利亚人之后的疲惫感。不是所有的人都能做到在欺骗后若无其事。

但是这种欺骗的好处在于，假扮一个新的人物角色令人感到兴奋，因为调查研究可以产生深刻的、启示的以及戏剧性的研究成果。令我感到震惊的是，你对他人的误导（和自我披露）越少，你就越能够表现自己，也越容易为卧底报道进行欺骗式的沉浸体验。尽管我曾在纽杰克当过狱警，我也是一个新手。虽然当时我的工作压力很大，但我认为自己比诺拉·文森特要容易一些，因为我不必一直解释自己的身份，我如果一直解释反而会显得很奇怪。我穿着的制服让我少费了很多口舌。在一些重要事务上，我把自己的身份当成是狱警，并在称呼同事时用“我们”。事实上我们所有人都被困在那儿，整天不得不与难以打交道的人相处。我与我的狱警同事们一起为了共同的事情而努力，这成为值得写作的素材。卧底报道作为一种写作体裁，适合用第一人称来叙述作者在陌生环境中苦苦挣扎的经历。

这并不意味一个人的精神受到的影响总是可控的或值得的。欺骗会使别人生气，背叛的感觉会根深蒂固，这取决于你的写作对象对你的了解程度（或他们认为自己了解的程度），以及以什么身份了解你和了解你有多长时间。而且，这并不会以写作对象得知真相、表示愤怒而结束。欺骗会损害欺骗者自己——即使不是立即损害，但最终会伤害欺骗者。比纳尔喝酒，以减轻他对自己和他人造成的伤害。文森特寻求了几种专业心理治疗帮助，包括住院治疗。这不是在开玩笑。

卧底行动对个人造成伤害的最极端例子可能来自执法部门。金姆·沃曾克拉夫特的小说《毒海情迷》（后来也被拍成了电影，由杰森·帕特里克和詹妮弗·杰森·李主演）讲述了她作为得克萨斯州警察局的缉毒警察在行动中做卧底，但是她受过的训练还不够，过早地参与了卧底行动。在一个小镇上讨好吸毒者的过程中，这本书的女主人公本人也成了吸毒者。为了掩盖自己的不当行为并为自己的不当行为辩护，她还陷害了无辜的人。执法部门有很多这样的故事。另一个类似的故事是约瑟夫·皮斯通的回忆录《忠奸人》（这本书被拍成了同名影片，由约翰尼·戴普和阿尔·帕西诺主演）所描述的联邦调查局特工皮斯通于 1976 年至 1981 年在纽约和新泽西的波纳诺犯罪集团中的卧底经历。皮斯通在这个团伙中的地位日渐上升，成为集团的正式成员，却忽略了他的妻子和女儿们，他的妻子最终和他离婚了。他一直在努力收集证据，都是与他相处多年、把他视为兄弟的那些人的证据。完成对他们的指证之后，他必须进入证人保护程序，因为他是出卖了暴徒的人。虽然这项工作是为公民服务，但我认为它不是可以获得幸福生活的工作。

2014 年下半年，《纽约时报》详细介绍了在与执法部门没有广泛联系的联邦机构中，卧底工作是如何成为例行工作的，其中包括国税局、教育部（美国劳工部监察长办公室的监察人员“渗透到联邦政府中寻找教育计划中的金融欺诈”）、最高法院（安全人员秘密混在外面的示威者中间），这些机构甚至还包括小企业管理局、美国国家航空航天局（NASA）和史密森学会。文章引用了一位前联邦调查局卧底探员、后为纽约大学法学院的职员的说法。当被问到卧底行为是否合适的时候，迈克尔·德曼的观点可能非常适用于新闻行业。

如果以正确的方式进行，卧底工作可能是一种非常有效的执法方法，但它具有严重的风险，只有在接受了正确的培训以及在有指导和监督的情况下才能进行。归根结底，卧底是政府用于调查犯罪活动而进行的欺骗行为，只有当这种行为用于解决最严重的犯罪时才是合理的。

供沉浸式作家进行卧底调研的建议

这里有一些需要记住的事情，其中有许多是以上提到的作品中所建议的。

·在进行卧底活动的时候要万分谨慎，并且仅对那些重要的且有理由采取卧底方式的话题进行卧底调查。

·超越噱头。内莉·布莱和其他19世纪末的记者们并没有因为她们可以从疾驰的马背上跳上蒸汽火车就被称为“特技女孩”。相反，她们在作品中设计了引人注目的场景，吸引了读者的注意力，这些场景使得报纸销量很好。有时，这项工作是持久而重要的：布莱的《疯人院里的十天》引起了轰动，对公共政策也产生了推动作用。但是其他噱头，例如在“鬼屋”过夜，与公共政策几乎无关。在我们的时代，秘密摄像头和网络传播的视频无处不在，人们可以在短时间内进行“卧底行动”而不必对自己的秘密行动辩解。卧底的声誉不可避免地受到不公正的影响，而在无足轻重的事情上进行欺骗会更加糟糕。

·尽量减少欺骗。在与他人建立关系的过程中进行欺骗是一个可怕的方法。这种方法也很累人，并且可能会招来法律上的麻烦。

·尽量避免触犯法律。当我扒火车的时候，我违反了法律，但没有造成什么后果。但其他一些情况可能产生严重后果：

例如，如果你的写作项目的调查角度容易树敌，最好让自己的行为符合法律规范，避免受到惩罚。

· 请勿在写作对象的家中秘密举报。在工作场所秘密举报是一回事，而作为朋友进入某人的私人空间后进行私密举报则是另一回事。请记住，约拉姆·比纳尔在书中引用了那位巴勒斯坦政治领袖的谈话作为消息来源的做法，这位受访者对于把比纳尔邀请到自家餐桌上而感到非常愤怒。

· 不要与写作对象产生亲密关系。从我的角度来看，亲密关系并不仅仅意味着发生性关系。诺拉·文森特向约会对象隐瞒了自己的性别。对我来说，这将使核心价值观处于危险之中（见下文）。

· 不要涉及治疗领域。不要报道互助会的内部情况，即不要公布戒酒者匿名协会、戒赌者匿名协会或者任何其他正在蒙受痛苦的人们的聚会，这些人在互助会中以分享自己的痛苦和弱点而互相慰藉。

· 最后，感同身受，像没有明天一样体谅他人，但也要保持一定界限。我的意思是，例如，你描述了你在美国国家踢狗协会待了几个星期所了解的情况，这肯定是原汁原味、引人注目的内容。在对话中，你了解到一些人为什么会踢狗，例如，因为童年的创伤和自卑感使他们变得卑鄙。但是，当你在周五的夜晚思考时，你还不能确定你是否要成为一个善良的人，那么你可能就会和那些踢狗的人一样，通过自己尝试踢狗而获得协会成员的认可，这样的想法非常糟糕，不仅会令狗不舒服，也会令你感到不舒服，同时至少有一部分读者也会因此而不喜欢你的作品。这个例子的教训是，不要突破界限，不要做那些正常情况下你不会去做的事情。

请记住，你的读者，无论是你的教授，还是在杂志上看到过你的作品的人，都可能成为你的欺骗行为的同谋。因此，如果可能的话，请事先停下来，然后思考一下："这会让我看起来如何？看起来像是一个善解人意的人，还是像个混蛋？"①

身份与"纯净之心"

轻度的欺骗，例如《华盛顿邮报》记者在退伍军人管理

① 大卫·福斯特·华莱士在写给一个名为安妮·法迪曼的学生的一封信中写道，一些作者对于自己在作品中的第一人称毫无感知，他把这种装聋作哑的行为称作"混蛋问题"。用他的话说："如果读者从评论文章中获得的最大感受是作者是一个偏激、挑剔的人，或者读者在喜剧散文中读到作者的残酷或傲慢，这样的文章是没有生命力的。因此，在评论别人和事物的同时，也要审视自己。"

局医院附近进行调研的做法，不太可能使欺骗者在晚上失眠（实际上，如果她是为了公共利益而进行调研，她可能会睡得更好！）。但是，让我们走向另一端：一个作家假装成另一个人进入一段亲密关系。有哪一种为公共利益服务的初衷能够使这种行为变得合理？我很难想出一个例子。

表格 2 进行卧底调研，还是借鉴过往经历？

有的时候，为了让学生了解卧底报道的风格，我派学生去执行秘密任务。我会让他们参加与自己政见不同的政治集会，参加与自己信仰不同的宗教仪式，去经销商那里找一个新型顶级梅赛德斯汽车商谈价格。我要求学生回来之后在班级里报告他们卧底行动的方式，以及在社交场合保持秘密身份的感觉。这个行动中最困难的是什么呢？有的学生说，最困难的部分就是要鼓足勇气；还有一些学生说，欺骗特定的对象（销售人员或与他们聊天的同龄人）以及回答有关于个人身份的问题时感到最困难。

我不会要求学生写一篇卧底调研的文章，因为正如我在本章开头所说，我认为卧底报道仅在某些罕见和特定的场合下才是合理的。

但是，学生时不时地会问我，在完成一个写作任务的时候，他们是否可以写下自己已经拥有的经历，例如担任营地辅导员、自杀求助热线的志愿者等经历。这是一个有趣的问题。如果学生符合两个条件，我通常会同意，这也是杂志通常要求的条件。

（1）如果写作对象没有料到自己会出现在你的文章中，那么就要保护写作对象的隐私。通常需要更改他们的姓名并在文章中加以说明。

（2）他们与采访过的写作对象再次接触，希望进行更多的报道。我要求他们告诉写作对象自己的写作意图，换句话说，这样写作对象就不会惊讶地发现自己被写进了文章里，也不会感到突然间中了埋伏。

有些消息来源要求只有在匿名的情况下才肯向作者倾诉。我建议年轻作家尽可能地拒绝这样的消息来源（如果他们是为了完成我布置的写作作业，他们必须告诉我消息来源的名字）。让消息来源敞开心扉的一种解决方案是决定不发表文章。我一直鼓励学生们发表自己的文章，这是他们写作的方向！这是有所作为的方式！但是，在某些特殊情况下，如果消息来源反对公开姓名或者是学生们没有做好准备，对于素材做好保密处理不啻为一种方式。

我要说的是，每个人需要对自己的所作所为感到踏实。你的欺骗行为是在为社会大众服务吗？归根结底，积极的结果是否大于消极的部分？

一定要相信最后的结果是积极的，因为为了事业和正义而努力的感觉对于写作者精神正常来说很重要。如果这件事情是令你引以为傲的持久之事，那么就值得你为此而经历痛苦。我知道坚持下去的唯一方法就是避免违反规则——保持所谓的“纯净之心”，即在写作结束之后你要接受自己曾经的行为。你会为整个过程中自己的表现而感到自豪吗？还是会为自己的某些让步而感到羞耻？另一种思考方式是“未来的身份”——未来你将如何看待自己的卧底身份？简而言之，你要尽可能地一丝不苟，不要发生踢狗这样的事情（不要因为生闷气而引发不良后果）。

V. 开始写作

小说的第一步是想象力，非小说类作品的第一步是感知。

——杰夫·沙利特，《变异类型》

乔治·古杰是个男人……但是很显然，我尽量真实地（通过实例）描述他的时候，总会感到无能为力。我只是认识他而已，并且仅在有限的方面认识他；所有这些都完全取决于我的身份和他的身份……出于这个原因和其他一些原因，我避免自己出现在照片说明中，以便创造角色、环境和氛围，尽管这样做并不好。

——詹姆斯·艾吉，《现在，让我们赞美伟大的人》

最近，我几乎每天都在写作。年轻的时候，我不是每天都写作，只是在必须完成任务的最后期限快来临的时候才会每天写作。那时，对我来说，世界上最令人惧怕的事情之一就是等待着被文字填充的一张白纸或者计算机屏幕上的空白文档。

如今，这种情况很少发生（好吧，敲敲木头求好运）。因为多年来我已经学到了一些东西：写作并不是当你坐下来拿起铅笔时开始的。写作是在此之前，开始于你进行研究时、列出写作大纲时（可能只是你要接触的事物的简单列表）或者只是在你思考的时候。事实证明，我的不少写作都是在散步中、在床上（早上起床之前）、在浴缸中或者在其他一些不那么紧张的时刻完成的，这些时候我可以深入自己的潜意识并让自己的头脑清晰而有条理。

我前面提到过，创造力在非小说类写作中是必不可少的。冥思苦想一个主题、寻找接触采访对象的方式以及研究本身都是具有创造力的行为。在有效的研究中，包括计划写作的内容：寻找故事情节、设想写作形式、故事从哪里开始、如何发展、如何结束。如果你在坐下来写作之前已经对这些事情进行了一些思考，那么写作就会容易一些。

叙事者

有时，在一个漫长的写作项目中，有人会问我："可以在研究完成之前开始写作吗？”通常情况下，答案是否定的。在知道我拥有哪种食材或者每种食材的分量之前，我无法烤蛋糕。烘焙的工作与食材比例有关，写作也是如此。通常情况下，必须在开始写作之前完成研究。

但这并不是说你在研究中不应该下笔、不能去尝试。描述一些场景或大致勾勒一个角色可以帮助你研究已经发生的故事并最终理清思路。如果你在故事的勾勒过程中发现故事的实际情况与预期的不同，则可以重新选择研究的方向以获取写作所需的内容。一次冗长的描述很难包括所有的构思。实现目标的方式有很多种，通常的做法是抛弃错误的线索，避免陷入死胡同，在一切素材具备之前，始终要抱有开放的心态。

即便如此，作者在某个时候也需要结束研究阶段并开始写作。两个阶段过渡的最简单方法是，你拥有了一定的自信，知道你要写的大部分内容。

在我的第一本书《漫无目标地前进》中，我没有遵循这个过程，因为我真的从未想过有一天我的这些经历会被写成一本书。相反，我研究了一篇以第三人称写的本科人类学论文，这是一个截然不同的目标。在我的行程结束后，在我写论文的那几周，我想到了所有我不得不舍弃的有趣的事情，因为这些事情是在沉浸调研的过程中我个人感兴趣的事情，比如，我在实地调研中意识到刷牙的重要性（我不想失去刷牙的好习惯，有一口好牙是我和真正流浪汉之间的微小差别），或者被我这个年龄的女性忽视或回避的经历（流浪汉可能已经习惯了，但我还不习惯）。我把一些有意义的事情记录在一个文档里，逐渐积累了一些可写的素材，这些有意义的素材并没有用在我的论文里，我打算重新整理这些以第一人称记录的素材，本来是为我的论文服务的，现在却可以用于写一本书了。

我在写作《草原狼》这本书的时候感到写作过程非常容易，因为我已经经历了类似的事情。我知道我需要与移民待上几个月，并充分了解其中的一些人。我想其中的一种方法是，我不仅要在美国和他们待在打工的地方，而且他们来自墨西哥，我要去他们的家中与他们待在一起。另外，对我来说，我觉得我还应该与其中的一些人一起从边境偷渡过境。关于叙事方面，我要说的是，这段经历既具有真实的含义，也具有象征意义。象征意义指的是偷渡行为有助于更好地定义我的写作对象：离开家乡、未经允许便越境进入了另一个国家。因此，我很想亲眼看见并尽可能参与其中，进而得到一手资料（在我看来，与偷渡行为类似，一本关于流浪汉的书中的象征性动作就是扒上货运火车。描写了这些动作之后就在某种程度上定义了我的写作对象）。在这两个案例中，我需要这些故事的素材。当我打算把记录流浪汉的现场笔记写成一本书时，我知道（回想起来）这个素材的内容非常重要。当我打算从实地调研的素材中写一本关于移民的书时，我（前瞻性地 / 积极主动地）知道这样的素材确实应该成为我研究的一部分：我需要与无证移民一起越过边境。我的大部分研究都由此很自然地进行下去：偷越边境后我就探访了（或者居住在）偷渡者生活的城镇，而且我想我至少要看看他们打工的地方（或者我也去尝试打打工）。

在我为写作《漫无目标地前进》进行了体验式调研后，我知道我必须记录的一件事是我自己的第一人称经历。因此，我扩大了笔记的范围，包括我的个人日记的各个方面：当某人说某事的时候，感觉怎么样；或者某人告诉我某事的时候，有什么样的启示；或者当我去处理某件事情的时候，我是如何在毫无准备的情况下应对的。在写作过程中，从人种志角度出发的视角很重要，而我的脑海中为写书而树立起的第一人称经历意识也同样重要。

谁在讲述？讲给谁听？

我在写作《漫无目标地前进》的时候也遇到了困难，有好几次都写不下去了。有一次，我飞到纽约，与维京出版社的编辑里奇·巴伯讨论了这个问题，他之前在看完了我的写作计划后购买了我将要写作的书的版权。和他的谈话使我认识到，在我的写作生涯中，我一直知道自己是为谁而写的，我近期的作品是为大学教授而写。我的问题是，我现在为谁而写？编辑吗？

里奇说：“不，你是写给你的亲密朋友看的，写给那些在你扒火车之前就已经是你的密友的人看的。设想你邀请这位言语真诚的朋友共进晚餐，你打开了一瓶酒，他说，好吧，告诉我一切事情，当他得知这意味着要等待数小时的聆听时，他实际上感到很高兴。给这样的朋友写：向他讲述故事。”

当我回到家并尝试这样做的时候，一切都变得容易了许多。

解释我自己——我是谁？为什么做类似扒火车之类的事情？在《漫无目标地前进》中做这两件事并不困难，也许是因为在我坐下来写作的几个月之前，我总是与家人和朋友谈论我所经历的事情。但我并不是写每本书的时候都是如此。在通常情况下，问题的产生可能伴随着作者选择的写作对象以及作者与写作对象之间的关系而出现。如果他是书中要写的人物，这些问题就会变得更加重要，因为读者将根据他在书中的表现来判断作者。

薇薇安·戈尼克在对《情境与故事：个人叙事的艺术》进行了令人深思的介绍后，分析了第一人称叙事的一些挑战。她最具启发性的观察之一涉及了非小说类叙事者的特殊性质。戈尼克观察到，小说中的叙述者可以不可靠——他可以以有趣的方式撒谎或歪曲。但是在非小说类写作中不行。非小说类写作中的第一人称叙述者必须使读者相信他是在诚实地侃侃而谈。

有了靠谱的叙述者似乎使事情变得简单，然而还有一点：即使在非小说类作品中这个诚实的叙述者实际上也是一个人物角色。他站在作者的立场上来讲述故事。换句话说，我们每个人都有多面性。我们在以父母的身份说话的时候是一种方式；我们作为孩子、作为朋友，或者在恋爱关系中作为恋人的言行又会是另外一种方式。当我们扮演这些角色时，文字上就会体现非常不同的语调。

戈尼克认为，作家在讲故事时需要弄清楚自己是以哪种身份来叙述的。她的书开篇就谈到了在悼念仪式上为一位开拓进取的医生献上的悼词。在许多演讲者中，有一位是这名医生的学生，只有她的演讲“让我对世界和自我的忧郁而感动，体现出一个人死亡的意义”，而这位学生在讲话中着眼于他们的特定关系。她关于死者生前“在成长过程中对她的影响”

的回忆成为组织发言结构的原则。

有了结构之后，语句的顺序就自然清晰了，语句的布局也会更加匀称。句子的匀称布局增强了语言的表现力，表达力加深了联想力，最后累积起来使演讲内容发生了戏剧性的变化，层层递进地展现了一个年轻人的学徒生涯，呈现了社会变革时期的医疗实践以及表达了她对一位导师的崇敬之情，尽管导师从不表扬她，却总是引领她走向正确的道路。这种层层累积就是文章的脉络，这种脉络触动了我，带动我的情感，使我立刻感觉到被缅怀之人的真实情况，而且可以更生动地说，我立刻感受那个正在追思中的叙事者的存在感……

讲述者自身越是富有想象力，她就越能生动地描述那位过世的医生。她在讲述中可以使用多个角色（她具有很多人物身份：女儿的身份、爱慕者的身份、观鸟爱好者的身份以及纽约人的身份），但她知道并且不会忘记，她唯一可以运用的讲述者的身份就是学徒。

因此，换句话说，以第一人称写作的非小说类作品的讲述身份是一种“自我选择”，或者说，谁在说话？（当我给经纪人看我写作计划的初稿时，她说了一些类似于“这部分听起来像是一位教授在讲课”之类的话。这不是我想要的，所以我又重新写了一个写作计划）。第一人称叙述的事情越是与个人有关，身份选择就越重要。在戈尼克的那些关于个人的记叙文中，人物角色是展现故事的工具。在你的故事中，你是谁？

❀ ❀ ❀

在报告文学写作中，特别是沉浸式写作项目中，经常出现的一个概念是距离，例如，“我需要一点儿时间来远距离地观察事物”。如果你过于接近事物，那么就需要后退一些，以便获取一个观察角度，弄清楚事物对大众的影响。换一种说法就是，你移动到了“观察者——参与者”示意图[①]中的“参与者”附近，需要移回到“观察者”这一端。在通常情况下，这是通过从沉浸式研究中退出来、回归家庭或者和老朋友见见面来实现的。或者，如上所述，邀请那个老朋友来家里吃晚饭，并进行一两次长时间的谈话，你不要以你在沉浸式研究中的身份来谈话，而是以另外的身份来讲述。根据我的经验，

① 译者注：参见本书第 18 页。

这个另外的身份就是你写作中叙事者的身份。

这种情况最极端的例子就是我喜欢的沉浸式作品之一：斯坦利·布斯的《与魔鬼共舞：滚石乐队和他们的时代》。布斯曾经写过关于法里·刘易斯的人物故事，他是来自美国孟菲斯的著名资深蓝调音乐家。布斯于1969年与滚石乐队签订合同，与乐队一起旅行并写一本关于乐队的书。他的整个经历充斥着毒品、性关系，以及他会经常去文化活动繁荣的地区。这些令布思疲惫不堪，他的书直到1984年才出版。我在兰登书屋的新编辑（我在写《草原狼》的时候从维京出版社换到了兰登书屋）也是布斯的编辑，在布斯的书出版时他给了我一本。我问他，为什么花了这么长时间才出版？他苦笑了一下说："说来话长。"这本书卖得很少，但是经久不衰。从那以后，这本书至少出版了两个版本，颇具生命力并赢得了众多的仰慕者。在2000年的新版后记中，布斯努力解释了该书迟迟没有出版的原因。

为了讲述好这个故事，我必须采用其他的身份来叙事，避免在叙述中过多地描述心碎、失望、委屈、遗憾、悔恨的情绪。到了1969年秋天，我们感到乐观，叙事者身份有滚石乐队、歌迷、食客、寄生虫、观察者……我们相信我们与众不同，我们注定会成功，收获爱情和幸福，但是我们错了。

他在后记中还写道，他必须克服沮丧和避免“家庭剧变”。

我感到如此痛苦，以至于有时我会乞求死亡。多年来，我时不时地想尝试死亡，有时想从北佐治亚山上的瀑布跳下来，摔到下面的花岗岩巨石上，至少可以让我容貌尽毁、折腰断背。

一方面，挑剔的读者可能会产生疑问，这样的说法是不是这位才华横溢的作家为自己做出的戏剧性解释，因为他的书迟了近 15 年才得以出版，任何人也都会这么做。另一方面，也许新闻艺术达到一定程度一定要付出这样的代价：如果你对布斯的解释从表面上加以理解，那么他与滚石乐队的这段经历就是参与式新闻报道的作品。这本书格外引人注目，因为布斯不仅自己全身心地参与了乐队的巡回演出，而且还全身心地参与了一代人的激情之中。然而，随着世界的变化，直到参与者以其他人的身份回顾自己的经历时，这些经历像是很久以前发生在另一个人身上的事情，否则的话，参与者无法写出这本书。无论哪种方式，布斯的后记都使我更接近于解决了多年前我曾经向编辑提出的问题：那本书为什么花了这么长时间才问世。我认为他也不知道答案。

表格 3 法律问题

没有人想招来法律麻烦。但是有时候写作会引起法律麻烦，特别是如果作家很有名，或者一本书销量很好，抑或是书中披露了隐私。《移魂女郎》的作者苏珊娜·凯森曾经因为一部回忆录而被起诉。她在书中叙述了她的男朋友在床上对她的残酷虐待，但是书中没有写出她的男朋友的名字。她的男朋友说，这是不真实的。他以侵犯隐私为由提起诉讼。畅销小说《姐妹》的作者凯瑟琳·斯托克特曾遭到一位年迈的前管家的起诉，管家声称书中的人物指的就是她。记者戴尔·马哈瑞奇和他的合著作者——摄影师迈克尔·威廉姆森在他们的书获得普利策奖之后被一个写作对象起诉。该写作对象说，这两位作者曾经许诺要与她分享收益。

这些诉讼都没有成功。美国法律为作家提供了相当广泛的保护。尽管如此，被起诉本身就要付出高昂的代价和承受巨大的压力。而且其他国家和地区的法律与美国法律有很大不同。虽然我不是律师，但我可以告诉你一些精明的律师多年来给我的建议。

听听编辑的建议。优秀的编辑可以帮助作者避免常见的陷阱。他们通常会与律师合作，向作者提供建议，期刊和图书出版商都是如此。我的每本沉浸式作品都经过了法律审查，编辑都问过我一些问题。而且，我的编辑有几次都要求律师在出版之前仔细阅读我的终稿。这些年来，我记得有这样一些问题：

• 在你的原始笔记中是否记录了他抽大麻的事实？（答案：是的，有记录。）

• 你描述了他持有手枪，他是否拥有持枪许可证？（经过一些研究后，我提供了答案：没有，但该州不需要许可证。）

• 你在工作申请表上说实话了吗？（答案：是的，我在寄出工作申请表之前还留了一份复印件。）

• 你文中写了一些罪犯的名字。你还写了与这些罪犯有关系的人，但是这些人并没有被定罪，你可以把这些人的名字删去吗？（回答：可以。我不想因为我提到这些人的名字而影射这些人有罪。）

签署免责协议。有时，出版商会让作家要求他们的写作对象签署“标准免责协议”，许可作家使用其私人生活的故事、言论以及照片，并要求他们明确表示不期待有任何回报。我从来没有被要求这样做，但上面提到的戴尔·马哈瑞奇曾经被要求这样做。然而，在被起诉后，她向原告的律师出示了该免责协议……诉讼就结束了。

没有出版商的建议？那么请咨询律师。一些专家称，那些面临着最大风险被起诉的作家是那些把朋友或熟人的隐私细节公布在脸谱、博客或网上其他地方的人，而且这些作家的朋友和熟人都不是公众人物。网络发帖可以视为发布，传统的法律风险延续到了数字时代。如有疑问，请咨询具有出版经验的律师，有些已经发布在 www.writersdigest.com 和 www.rightsofwriters.com 上。你还可以搜索艺术领域的律师志愿者或者美国新闻自由记者委员会法律辩护热线。

小心谨慎、保持公正。许多出版诉讼似乎不是由贪婪而产生，而是出于写作对象的愤怒和背叛的感觉，往往是某一天当写作对象打开杂志或网页突然感到受到攻击的时候，或者是他们受到屈辱、不公平对待、感觉自己背后被捅了一刀的时候。在沉浸式写作所经历的漫长报道体验过程中，是否可以事先预料到其中的某些反应并及时进行阻止？有时，也许可以。无论如何，作者在希望自己免受诉讼侵害的时候，可以参考以下简短的常识性做法。

· 谨慎对待他人的生活细节。确保你所说的是准确无误的，对于你陈述的内容保留证据备份。考虑把你得到的不讨人喜欢的信息作为你深思熟虑的观点，不要把它们作为事实来陈述。

·以匿名方式保护隐私。在某些情况下，差劲的新闻才会匿名。报道新闻的记者要求公开真实姓名，有品质的出版物也会坚持使用真实姓名。但是，在专题报道中，如果写作对象没有被其他新闻所报道过，那么使用匿名的方式往往有可能获得良好的新闻报道效果。作者应该保护儿童以及其他希望维护自己隐私的人的隐私。而且，那些被暗中观察的人，例如，我在不同写作项目中曾经共事的肉制品检查员和狱警，应该让他们享有保护自己隐私的选择权。

·在出版物发表前对有可能招致的批评进行讨论，事先弄清楚分歧，最大限度地减少写作对象因此感到的惊讶。换句话说，在研究过程中，不要回避分歧或者（理性的）讨论，在写作对象无力还击的时候不要再继续出拳。

·即使是那些你可能会心怀不满的人，你也要尊重他们。

文章结构

人们常常引用托尔斯泰的名言："所有伟大的文学作品无非就是从两个故事中选取其一：一个男人去旅行或者一个陌生人来到镇上。"这在很大程度上是正确的。在有的作品中，主要角色的观点南辕北辙。他们之间不断加剧的冲突（“行动升级”）推动了故事的发展，引起了读者的兴趣。故事在冲突高潮时达到顶峰，之后是冲突的解决和结局（“动作缓和”）。我的高中英语老师喜欢在黑板上用“叙事弧”的图形来表示。传统记叙文总有一个故事情节和场景，一个情节引发了另一情节。

非小说类的记叙文通常包含很多这些元素，但是不会全面涵盖所有的这些元素，因为把它们组合起来太难了。现实生活通常不会像传统方式讲述故事那样，尤其是不具备组成故事情节的因果关系链。另一方面，现实生活通常可以提供小说所缺乏的元素，即可信度和与日常生活的关联性：非小说类作品的作者可以说这是真的发生了。

在非小说类记叙文中发挥作用的两个传统叙事元素是人物和场景。我们的写作往往是关于人物，即以某个人为原型，从多角度描述这个人物，你就开始了对人物角色的叙述，然后添加上这个人物的欲望，并表明该人物正在追求自己的目标，那么你将拥有更加完整的人物描绘。将角色放置在房间、汽车、山坡等环境中，伴随着一些事情的发生，你就有了一个场景。好一些的场景中正在发生某些事情，而最好的场景中往往会发生冲突：军官索要贿赂；女孩子的拒绝；公司正在赚钱，但要付出代价。在场景中可以进行对话，这是许多故事中令人愉快的元素。但是，通常在非小说类作品中，对话会很简短，因为作者很难预测和记录主要对话。

下面，我们来看看几本书的结构，了解作者是如何进行叙事的。但我要强调的是，叙事方式同样也适用于独立成篇的文章。例如以下的长篇文章：艾米·哈蒙的《爱情与自闭症》是关于两个患有自闭症的大学生之间的浪漫爱情的长篇文章；还有马修·鲍尔的《密西西比河漂流：沃尔玛时代的河边流浪汉》。这两篇文章读起来像小说，但都是标准的记叙文。它们有开头、中间、结尾、冲突及解决、场景和角色。

重要的是，一件作品不必具备所有这些元素仍然可以被视为记叙文。苏珊·奥尔琳为《时尚先生》杂志撰写的经典文章《美国男人，十岁》将场景与解说交织在一起。文章的主角是十岁的科林·达菲，文中叙述了这个五年级的学生在教室、比萨店以及傍晚时候在家后院和他的朋友玩一款叫作任天堂的游戏。叙事本身并没有层层递进，也没有年代顺序，但是关于达菲的描写令人愉悦，甚至可以说是引人入胜的。这表明写作并不一定是纯粹的叙事，可以是部分叙述。记叙文可以在不同程度上进行叙事。

叙事最简单的功能之一是用于文章结尾处。在这种写作手法中，一篇文章（可能是一篇简短的文章）以一个场景开始，以另一个场景结束，在两者之间是一些描述。有时，实际上，开始场景和结束场景是同一场景的一部分，只是被描述打断了。我向那些想成为沉浸式作家的读者推荐杰克·哈特的《故事技巧：叙事性非虚构文学写作指南》，其中提供了在短文和长篇中如何叙事的详细建议。

❀ ❀ ❀

当然，每一本非小说类的书都是不同的，并且每个非小说类故事都以不同的方式进行讲述。就本书而言，我重点关注结构，因为根据我的经验，这似乎是作家在提高写作过程中感到最难解决的问题。我将讨论一些沉浸式写作的书籍，展示各种有助于成功叙事的写作手法。

一个中心问题是如何处理叙事的时间顺序。在每个故事中，事情随着时间的流逝而发生。尽管时间是线性的，但是仍然有很多展现方式。

最无聊的事莫过于尽职尽责地讲述几天或几周发生的事，并对所有发生的事情给予同等的关注度。小时候，我记得我对于朋友们和邻居们从国外回来之后展示的旅行经历的幻灯片越来越不耐烦，他们以单调乏味的方式介绍了纪念性建筑。而当时我却有这样的期待：当然，金字塔很酷，但请告诉我们某天你丢失钱包的经历。还有，你是否在旅行期间尝试过新的口味的事物？你看到了令人难忘的情景（乞丐、游行或者艺术品）吗？你是否因为家里的消息而无法安心旅行？你对哪一个当地人了解得最深？

有趣的是，必须琢磨时间的脉络。某些重要的时刻需要在讲述中进行扩展，多写几个段落。但是，如果忽略不那么重要的几分钟，甚至几天或几周，读者将不胜感激。叙事的时间轴需要进行拉伸和压缩，直到能够服务于故事的讲述为止。

按照此理，叙事可以不用按照时间轴，也可以重新安排时间轴。“拦腰法叙事”的拉丁语是 In medias res，它的本意是“在事件中、从中间开始”。使用“拦腰法叙事”的方式来讲述故事就意味着从事件发展的某个地方开始，而不是从头开始。这是一种已有数百年历史的吸引读者注意力的方式（哈姆雷特的故事是在哈姆雷特的父亲——国王去世后开始的；《失乐园》的故事是从撒旦已经在地狱开始的）。著名的经典电影《日落大道》以最后发生的事情为开端进行叙事：警察发现一个穿着考究、脸朝下的尸体浮在游泳池中。那么，故事是怎么发展到这里的呢？

按时间顺序讲故事也可以被穿插的事件打断——一个故事里包含的小故事，或者是为了阐述故事情节的含义而添加的背景或者说明。插曲可以让我们知道一个地方或一段关系的历史。如果用第一人称进行叙述，插曲的内容往往是叙事者自身的背景或者与故事有关联的重要信息。但是，讲故事的人必须时刻注意离题的代价：令读者失去兴趣的风险，而不是激发他们的兴趣。

有一个学习文章结构的好方法，那就是遇到一个故事的时候，阅读、观看或者聆听上两遍——第一遍是为了获得快乐，第二遍是研究故事是如何写的。关注一个故事的结构不是一件有趣的事情，却是成长为一名作家的途径：写作大师的秘诀就在我们眼前，只要我们花些时间去理解他们的技巧。

拦腰法叙事

有很多非小说类的故事都是采用拦腰法叙事的。以乔治·普林顿的《纸狮子：最差四分卫的自白》为例，该书从1963年开始叙事，当时作者在自己36岁的时候去参加底特律雄狮队赛前训练营，这是30个简短章节中的第一章。第二章将读者带回到了一段他为寻找一个可以加入的队伍而付出努力的经历。经过艰苦地尝试，他从狮子队争取到了7月份的为期 3 周的训练营邀请。当时还没有透露，但他后来交代了他在 8 月初的一次队内比赛中丢掉一些传球，然后在一周后对阵克利夫兰布朗队的一场表演赛中他一直坐在替补席上。

大约 25 年后，H.G. 巴斯·比辛格也写了有关橄榄球的文章，但方式却完全不同。他最畅销的作品《胜利之光：小镇、球队和梦想》被拍摄成同名电影和热门电视连续剧，讲述了一个球队在得克萨斯州一个小镇上度过的一个重要赛季。这本书的主体内容按时间顺序分为三个主要部分：赛季前（46 页）、赛季（134 页）、季后赛（53 页）和季后（70 页）。但是这本书的序言部分是从赛季末的一小段时间开始写起——几位主要球员和教练为与地区冠军主要争夺者的对抗而做准备——并将其置于首要位置，埋下了令读者激动不已的伏笔（比辛格和普林顿不同，他把自己置身于故事之外）。

克拉考尔的《进入空气稀薄地带：登山者的圣经》讲述了一个以巨大悲剧为结局的冒险故事。文章的引子讲述了和克拉考尔一起登山的 4 位朋友将很快遭遇死亡，包括主要向导在内。在简短的引子之后，这本书以克拉考尔登顶世界最高峰之时为开端。但是，这一刻并不是一个胜利。作为一个长期从事非商业活动的攀登者，克拉考尔此次参加了珠穆朗玛峰的商业探险活动。参加此类探险活动的人们都花费了大价钱，以获得良好的服务，这给了他们一个合理登顶的机会。到达那里之后，他们糊里糊涂地攀登，又赶上了暴风雪，克拉考尔几乎要立即撤退。第一章就这样结束了。

然后，第二章将我们带回到了 1852 年，这一年人们发现珠穆朗玛峰是地球上最高的地方，这座山的高度“对所有有攀登经验的人而言都是陌生的”。1924 年，包括乔治·利·马洛里在内的英国团队尝试攀登珠穆朗玛峰。马洛里以回答“为什么要攀登”的问题而闻名。他说：“因为山就在那里。”在登顶的途中，马洛里和他的登山伙伴消失了，人们再也没有见过他们。埃德蒙·希拉里爵士和丹增·诺尔盖成功地登上珠峰峰顶（这一事件发生之后的一个月，我的母亲才怀上我）。直到 1985 年，亿万富翁迪克·巴斯在他人的帮助下登顶，珠穆朗玛峰一直是登山者的最高奖杯，这“无情地将珠穆朗玛峰拉入了后现代时代”。到这一章结束时，克拉考尔作为《户外》杂志的特派记者，参加了日益流行的珠穆朗玛峰商业攀登活动，并参与了在登山过程中他认为是亵渎山神的事情。

凯瑟琳·布的作品《地下城：孟买贫民窟的生命、死亡与希望》描述了一个完全不同的世界，虽然这本书所写的地方与以上作品的事件发生地的距离并不远。《地下城：孟买贫民窟的生命、死亡与希望》是一个获奖作品，描述了一个贫民窟的生活。这本书以主角阿卜杜尔的逃亡为开端，讲述了这个收废品的年轻人被错误地指控帮助其邻居（被称为“一条腿”）自杀。阿卜杜尔的藏身之处是在搭建在他家房屋旁的黑暗棚屋里的易拉罐和其他可回收物品的后面。直到书中第 96 页（这本书总共有 256 页），对他的实际指控才被得以平息。几页之后，书中讲述了阿卜杜尔的父亲和姐姐被捕。这本书以法官判定他的父亲和姐姐有罪作为结尾。

在我出版的作品中，有 3 本书以及多个长篇文章都采用了拦腰叙事手法。在《漫无目标地前进》中，我尝试从密苏里州圣路易斯扒上货运火车，这对于我而言似乎是开始体验流浪汉世界的第一步。我在书中写的第一句话：“我悄悄地蹲在高高的杂草丛中。”这一章在几段之后就结束了：我经过了几次失败的尝试，终于成功地跳上了火车，本章以我的兴高采烈而结束。第二章开头写道：“我想扒上火车还有一些其他原因，但是我感到很难解释清楚这些原因。”然后我叙述了之前的事情来寻找我的动机。第三章从第一章结束的地方继续开始叙述，讲述了我第一次成功扒上火车开始旅程的经历。

我重写了《纽杰克：辛辛监狱守卫记》的第一章，写了十几遍。我在写了七八遍之后仍然不满意，于是暂时放弃了一段时间，转而按照我的故事的时间发展顺序写起，即在写了一段背景铺垫之后，从我到了警察培训学院写起。但是我认为这不是我想要开始这本书的地方。相反，我想以我刚刚担任警察职务开始，把读者立刻带到辛辛监狱。

在一年多的时间里我做到了严格保密，那个时候只有6个人知道我打算写书。其中一个人是我的好朋友，他是从电话的背景声中猜到的。当时我用监狱排队室里的公用电话给他打电话，他听到我的同事在后边对我大喊。实际上，他知道我打算写书之后，我反而感到轻松了很多，因为我需要建议。我问他："我应该如何开始？"

纪录片制片人史蒂夫说，如果这是一部电影，他会这样开始叙述：到达工作地点，首先是在停车场，然后是在更衣室和排队室，接下来是在我每天花上大部分时间的监狱楼。他建议："带着你的读者进去，就像你的肩上有一台摄像机。"我按照这样的方法尝试写稿，结果我很喜欢。仅再进行了3遍重写，我就基本上完成了第一章。第二章从我对这个写作项目开始有想法写起，一直写到我来到了警察学院。

为杂志而写作的时候也可以用同样的拦腰叙事手法，我曾为《纽约时报》写过关于艾滋病孤儿的文章《传递》。

在艾滋病流行的早期，在抗逆转录病毒药物出现之前，人们认为该疾病向妇女传播可能导致出现大量孤儿。我写了一篇有关早期努力的文章，内容是将一个生病的母亲与一个愿意收养孩子的母亲联系起来，即找一个可以代替生病母亲的人。这是一种戏剧性的材料。这位当时只有 11 岁的未来孤儿很难直接表达自己的感情，但是她的妈妈给了我这个女孩写给圣诞老人的信，信中她希望当她的母亲无法照顾她的时候，其他人可以照顾她。我以那封信为文章的开头，并用了三个段落介绍了克里斯蒂和她的母亲伊芙琳，以及她们的困境。我在文章中另起了一个部分，用了七段文字介绍艾滋病和日益严重的孤儿问题的背景资料。又另起一个部分，我继续讲述克里斯蒂和她的母亲，回到了讲述她认为令自己染病的行为，并尝试找到一个可以代替她照顾女儿的亲戚以及其他的一些事情。在写了三分之一的篇幅之后，我开始写现状，描述了克里斯蒂和伊芙琳如何下决心选择一家收养机构，以便帮她们联系准收养母亲。我没有亲眼看到故事的第一部分，我是通过别人了解到的。我亲眼看到了文章第二部分中的大部分情况。

严格的时间顺序

在其他时候，最好的做法是从头开始叙述并继续到结尾。

通常一本书的写作周期是一年。特雷西·基德尔的优秀作品《学童中》（1989 年）描述了马萨诸塞州霍利奥克市公立学校老师克里斯·扎亚克教授五年级学生的一年。这本书的章节按时间顺序从第一个“九月”开始，到最后一个“六月”，书中间各章的标题分别是“家庭作业”“纪律”“离开”（关于一个有问题的孩子）和“科学公正”。每个章节都分成较小的部分——在“九月”中分为三个部分，在“离开”中分为八个部分。尽管基德尔基本上在教室里坐了一年，但他使自己置身于故事之外。他的主人公是老师和学生。本书的第一段是一个很好的例子，展示了伟大的作家是如何在遵循传统的时间顺序叙事的同时发挥创造力的。

扎亚克女士不是昨天才出生的。克拉伦斯，她知道你在写作业的时候没有尽力。你不记得扎亚克女士说过，如果你不尽力做好，她就让你重做一遍吗？至于你，克劳德，如果你需要进行脑部手术，上帝都不允许你这么做。但是扎亚克女士希望如果你真的去做脑部手术的时候，医生不会在打开了你的脑袋之后就走开了，说他快做完了，就像扎亚克女士要看看你的书法，你也是这么说的，然后你便跑了。费利佩，你打嗝的原因是你的嘴总是张开，风正好吹进去。你现在已经五年级了。所以，费利佩，闭上嘴，在嘴上上个锁，拉上拉链。然后去找点儿水喝。

亚历克斯·科特洛维茨确定了用时间顺序来叙述其作品《这里没有孩子》。序言回顾了在《芝加哥》杂志拍摄贫困儿童写真集时他是如何与兄弟俩以及他们的母亲拉乔结识的。他对见面时的场景一直记忆犹新。他认为，没有人应该像他们那样生活在一个名为“亨利·霍纳之家”的帮派林立的社区里。几年后，他以《华尔街日报》记者的身份返回到这个地方，为了写一篇关于城市暴力的故事。次年，他向拉乔提议，他想写一本关于她的家人（尤其是关于男孩们）的书。

这是一个关于可爱的孩子生活在这个可怕的世界的故事，叙事细致，有条理，读起来令人感觉痛心。“如果我长大了，我想当公交车司机。”当时 10 岁的拉菲耶特告诉科特洛维茨。作者观察到他的说法是：“如果长大了，而不是什么时候。”

“通常情况下，拉菲耶特不确定自己会成年。”读者看到男孩在接下来的几个月和几年中的生活经历，也不太确定他是否能够长大成人。

科特洛维茨将书分为不同的季节（1987 年夏季，1987 年秋季至 1988 年春季等），并将重点转移到两个男孩、母亲和居住小区所发生的事情上。在序言之后，他始终用第三人称叙述，直到结束语和结尾处的“关于报道方法的注释”为止。

阿德里安·尼科尔·勒布朗的宏大叙事作品《随机家庭：关于纽约布朗克斯区的爱情、毒品、纷争和转折》从一个被称为“男孩乔治”的海洛因毒犯主角面临审判的一两年之前开始写起。勒布朗在毒犯被定罪后决定跟踪报道他的女友杰西卡的生活，因此不得不以回忆的方式叙述杰西卡早些时期的生活，这些并不是第一手资料。但是，通过与杰西卡、其朋友可可以及其他人一起相处了几天、几周、几个月甚至几年的时间，并在此期间不断地了解她们的生活，勒布朗实现了令人信服的再创作。在“男孩乔治”被定罪之后，杰西卡曾在他的一个海洛因加工厂中短暂工作过，也因此被送进了监狱。“男孩乔治”的无期徒刑比杰西卡的 10 年有期徒刑的刑罚重一些，她坐了 7 年牢后就出狱了，与新的伴侣、孩子一起搬到了纽约上州，继续着她的生活。但在整个过程中，她与可可的友谊始终如一，可可的生活也和她的类似。该书共 44 章，分为 5 个部分，反映了女性生活的这部分是按顺序排列的：街道、封锁、上州、挨家挨户和突然爆发。

沉浸式非小说类作品不必过于城市化，也不必进行逼真的描述。乔·麦考尔对阿米什人感兴趣，仅仅是因为他住在俄亥俄州的农村，就在他们附近。在街道的尽头，一个阿米什人的家庭搬进了一所“英式”（非阿米什人）房屋，并立即对这所房屋的英式特征进行改造，他们建造了一个室外厕所，在车库里安放了抽水马桶。6个月后，麦考尔问这个家庭的父亲塞缪尔自己是否可以骑上他女儿的马。从此双方开始了交往，并且关系日益加深。当麦考尔得知塞缪尔的母亲在加拿大去世了，而塞缪尔的妻子也将在一周内生产，就主动提出开车送塞缪尔去500英里之外参加葬礼（因为阿米什人不开车），事后再立刻把他送回来。塞缪尔向他的主教请求准许麦考尔这么做，然后他们就出发了。

以上的叙述就是《显而易见的秘密：门诺教派中的局外人》一书的开头部分，书中的大部分内容是发生在此后10年的事情。那时，麦考尔（以谦虚的第一人称讲述这个故事）发现他的邻居是施瓦茨舒伯阿米什人，这是北美几个阿米什人中最保守的一个。就像其他的虔诚信徒一样，他们也会受到背叛信仰的困扰，包括麦考尔认识的这个家庭的一个侄子。麦考尔骑着塞缪尔的轻便马车（在夜间，开汽车的人看不见马车时非常危险），看到这家人哀悼死于脑瘤的9岁女儿。这种场合非常适合用第一人称来叙述，作者对此做了一番沉着冷静的描述。

按照专题顺序

作家塞巴斯蒂安·荣格尔以他的作品《完美风暴》和他对世界各地的战争报道而闻名。他从2007年6月开始，一年内5次探访阿富汗的科伦加尔谷地区。该地区经常爆发战争，他的想法是访问美国军队的一个偏远哨所并描绘那里士兵的生活。他近距离看到的一切令他感到惊奇：士兵们鼓起勇气、处理人员伤亡和不断遭受攻击。这个山顶哨所被称作为雷斯特雷波，是为了纪念一名牺牲的士兵，以他的名字而命名。当时，他们向山谷发动过几次进攻，遭到了敌人的狙击，敌方试图杀死他们，而且有的时候敌人还会成功。

《名利场》杂志赞助了荣格尔的战地之行，他为这本杂志写的文章在编辑成书的时候就存在一个问题：士兵们并不是整整一年都住在雷斯特雷波。实际上，仔细阅读这本书的时候你会发现，从士兵的角度来说，书的内容缺乏连续性，每次访问和下一次访问之间没有太大关联，哨所是常设的，但人物是不同的。

2015年荣格尔在我的一个研究生班上说："我非常希望能够不按照时间顺序来组织文章结构。"他的解决方案是将一个大致按时间顺序讲述的故事与一个专题故事相互穿插。战争分为3个部分，每个部分都有一个主题。第一本书称为"恐惧”，第二本书是“杀人”，第三本书是“爱”。这些极为简单的标题与书名是一致的，它们似乎在鼓励我们考虑大的创意、总体主题和轮廓，而不是一个非常具体的故事。

这本书从荣格尔到达阿富汗开始，到他离开阿富汗时结束，在叙事过程中的某些地方偏离了年代顺序。穿插的叙事有：一个士兵来到纽约，到荣格尔的住所看望他；探究勇气在文学领域的含义，描述书中人物返回家乡后的生活。我想说的是，这一切的无缝衔接要归功于荣格尔搜集来的优质素材和他讲故事的技巧，这两者同等重要。

其他类型的结构

利斯·哈里斯的《圣日：哈西德家族的世界》也源自一系列为《纽约客》杂志写的文章，当时哈里斯是该杂志的一名员工。他沉浸到隶属于路巴维彻教派的哈西德犹太人的世界里，了解了位于布鲁克林皇冠高地的犹太人家庭。哈里斯的叙事从回忆他看到的一叠全家福照片开始，其中一张是“一个看上去很凶、有胡子的老人，戴着一顶裘皮帽”，穿着一件黑色长外套。当我问我的母亲（一位在曼哈顿成长起来的律师）照片上的人是谁时，她不以为然地看着照片，耸了耸肩：“我们家没这个人。”哈里斯的作品中提到，如今的犹太教信徒因为哈西德教派主义者而感到尴尬，但她怀疑她的母亲可能是错的：“我们的祖先来自奥地利、罗马尼亚和俄罗斯，19 世纪时，东欧犹太人中有四分之三是哈西德教派。”哈里斯将她的家人对犹太人的态度描述为“或多或少类似于球迷对于主队是犹太人的态度”。但是她很好奇，想了解她与她家谱上那条古老的分支是否有一定的血脉联系。如果有的话，她在家族的分支中，在现代的布鲁克林过着孤单的生活。关于她与路巴维彻教派关系的问题是《圣日：哈西德家族的世界》的隐性主题，这一主题是将各个章节连接在一起的因素之一。

另一个因素是对宗教节日的重视：在很大程度上，哈里斯作品的写作结构是按照写作对象的生活方式来组织的。尽管经过了数年的调查研究，《圣日：哈西德家族的世界》的写作主线就是路巴维彻教派，在调查研究过程中，她参加了社区庆祝逾越节、犹太新年和赎罪日以及住棚节的活动。她的主要联系对象是一个名叫希娜·柯尼斯堡的女人以及她的家人（丈夫、两个儿子以及她前一次婚姻中的三个女儿）。有时她会与小组成员在一起，但有时她只与希娜在一起，例如，在位于公园大道的教派总部，在一个冗长的安息日仪式上，男性和女性分成两组在那儿聆听颇受教徒爱戴的梅纳赫姆·希尔森先生的讲道。但在描述犹太教假日之外的章节就很少甚至根本没有提及这个家庭，例如，两章有关哈西德王朝的历史：一章是关于哈西德教派的对手，另一章是关于背弃信仰的异见者。与这两章不同的是，特别有意义的一章是希娜向哈里斯展示了她参与建立的位于新社区的正统犹太教的浸礼池。哈里斯和一位女服务员一起沉浸在浸礼池中。“第二次沉浸在池中时，我眼前快速浮现出我所认识的所有宗教人物在主持这一仪式。我还想起了我不认识的那几代人，他们认为世界上的杂质是可以消融的。第三次沉浸在池中时，我想到了我怀孕时我的孩子悬浮在我体内，等待着加入这个世界。”

哈里斯不惜笔墨地描写个人经历的诸多细节，使得这段话更加引人入胜。这不是“自我发现之旅”（哈里斯向我解释说：“我不是在寻找自己的根。”），而是在探究一群充满活力的人，作者不想把他们描述成过时的或者默默无名的一群人。

安妮·法迪曼选择写作有关越南少数民族的文章，她面临的挑战可能比哈里斯或麦克尔面临的挑战更大：读者可能听说过哈西德教派或者阿米什人，但是对于很多国家的人来说，知道这一民族的人很少，甚至都不知道该民族在英语里如何发音。为了引起读者的关注，法迪曼需要做很多解释……

但是过多的解释会使故事的讲述变得缓慢。她的解决方式包括许多创造性策略，其中有重现她自己未曾亲眼见过的场景，但她对细节进行了详尽的研究。例如，这本书的开头这样写道：

如果莉亚·李（Lia Lee）出生在老挝西北部的高原上，李的父母和她的12个兄弟姐妹就出生在那里。那么她的母亲会蹲在房子里的地板上分娩，这个房子是她父亲用斧头砍成的木板、竹子和茅草建造而成的。地面是泥土做的，但是很干净。她的母亲福阿定期洒水以减少灰尘，每天早晨和傍晚她用草和树皮制成的扫帚将地面打扫干净。她用自己制作的竹子簸箕收集了年幼而无法在户外排便的孩子的粪便，并将其倒入森林。即使福阿是不太讲究的主妇，她刚出生的孩子们也不会弄得很脏，她从来不允许他们接触到地板。直到今天，她仍然为自己能独立生下孩子们而感到骄傲，她为自己接生，把双手伸到双腿之间让婴儿的头部轻轻出来，然后让身体的其余部分滑到弯曲的前臂上。

之后，福阿会将胎盘埋在那块泥土地面之下。这个开头为一种生存方式与后来的另一种生活方式的碰撞描绘了一个场景：当你住在加利福尼亚州默塞德的一间铺有地毯的公寓的时候，你如何分娩？你把胎盘埋在哪里？随着女儿的癫痫病越来越严重，当家乡风俗认为这是鬼附身的时候，如何治疗癫痫病呢？法迪曼并没有把越南这一少数民族人写得神秘莫测，而是把他们写成令人着迷的人物，她的写作热情变得具有感染力。她将叙述性章节与说明性章节交替进行，其中包括他们在泰国难民营中使用西药时的反应。尽管法迪曼大量吸取了该民族的民族志的内容（她列出的参考书目中充满着这类书中的内容），但她不想把这本书写成一个民族志的形式。2015 年的时候，她告诉我的研究生，她的书中关于人物的“维恩图解”和该民族志“几乎完全重叠”，“但是，维恩图解的方法和风格是两个完全独立的圆圈”。[①]

直到我第二次读完这本书后，我才意识到作者在莉亚患病的最初几个月中并不在场。相反，她使用病历和对医务人员、家庭、护理人员以及她所能找到的其他人的采访重塑了当时的场景。重塑场景是一项冒险的工作，因为自作主张进行写作的诱惑很大：不专业的作家可能通过想象来引用人物的语

① 《纽约时报》科学类主题作家艾米·哈蒙（Amy Harmon）曾获得普利策奖，她在我的班级上讲课时说，她的目标是在有可能的情况下，让故事自我解释，拥有“不加解释的论述”，以最大限度地减少阐释。她的长篇文章《爱情与自闭症》还讲述了在哈蒙遇到他们之前，写作对象之间关系中的很多场景。

言或者主要人物的思想，从而写成一个虚构的作品。但是法迪曼很严谨，这令她避免了上述情况。

她的幽默风趣为严谨的文字添彩。除了那些严肃的场景和利害攸关的因素，法迪曼还喜欢讲述越南少数民族的民间故事，这些故事涉及道德趣味十足的民谣或恶魔鬼怪，其中包括这样的段落：

遇见一个越南少数民族就像是到了一家隐秘酒吧：一切取决于让你去酒吧的人。我与李氏家庭的见面是由比利亚·姚·福阿安排的……令人感到意外的是，他与医院或任何其他美国机构没有关系。此外，梅颖（法迪曼的翻译）的丈夫彭先生与李家人属于同一家族……这令福阿和瑙高待她像一个久违的侄女一样。在30秒钟之内，我看到我与之相处的家庭与医生对这个家庭的描述几乎没有相似之处。令我印象深刻的是李氏夫妇机智幽默、健谈而充满活力。我希望我通过采访把他们的这些出色品质展示了出来。实际上，我一再让梅颖尴尬，请求她翻译非常无知的问题，以至于我认识了李氏夫妇后，我开始觉得我在他们家中的主要作用是为了逗乐大家。梅颖认为这些问题类似于“教皇信仰的是天主教吗？”一类的问题（“你埋了孩子们的胎盘吗？”“有很多人住在河流、湖泊和树上吗？”“你们杀猪用于祭祀吗？”），因为任何傻瓜都会知道教皇肯定是信仰天主教的。有一次，当我问到他们一家人的房子哪一部分是厕所时，福阿笑得如此厉害，以至于几乎从竹凳上滑下来。“厕所当然在森林里！”她上气不接下气地回答我，笑得眼泪都从脸颊上流了下来。

有一本书与上述任何书的结构都不相同——写作和构思上大不相同，也是在我的这本书写作时刚刚出版的一本书：詹妮弗·珀西的《恶魔营：一个士兵的驱魔经历》。在某种程度上，珀西的书是关于创伤后应激障碍的，但珀西偶尔才回归到这个话题上，把它当作“问题”来写。她的主要写作目的是近距离观察并生动地展现她的写作对象迦勒·丹尼尔斯的主观现实情况。

丹尼尔斯是一名直升机炮手，曾在驻阿富汗的美国陆军中执行过多次巡逻任务。在一次救援任务中他的同事在MH-47奇努克直升机上被火箭弹击落，而丹尼尔斯当时并没有执行任务，他一直深陷同事遇难的悲痛之中。珀西是在爱荷华大学读非小说类写作硕士课程的3年期间认识丹尼尔斯的，她在此期间经常访问丹尼尔斯位于佐治亚州的家。她的书第一部分描述了丹尼尔斯、他的服役历史以及他所称的夜间到来的真实恶魔——一个黑色怪物——的生动经历。尽管珀西以第三人称写作，但她力图捕捉丹尼尔斯的主观现实：从来没有质疑过这个恶魔的存在，也没有将其解释为创伤的症状。

从第 49 页开始的第二部分中，珀西切换到第一人称，并叙述了丹尼尔斯的当前生活（珀西告诉我，这种开始以第三人称叙述写作对象的经历、然后切换到第一人称写现状的分割写法源自特雷西·基德的作品《剩余的力量》，该作品是一个受过创伤的年轻医生的故事，这位医生来自布隆迪，其想尽办法来到了美国）。丹尼尔斯向珀西暗示，他看到珀西也被恶魔困扰，需要将恶魔赶走。珀西告诉我，她相信他的这个想法，“以此来接近他的经历（换位思考的另一举措）。我需要经历整个过程（或者我认为我是这样做的），才能让迦勒接受我来描写他的创伤。”在他虔诚的岳父做布道的佐治亚州农村的五旬节教派地区，珀西深入令她自己和读者都能感觉到的一种迷魂状态，类似于叙述者暂时失去平衡和视角的噩梦状态。

对于珀西而言，就像其他人沉迷于艺术硕士项目抒情散文的写作方法一样，主观真相胜过传统新闻报道的规则。读者不会怀疑所描述的事件是否确实发生了，但是核实事实是重要的，同理心和表达的独特性更为重要。“他们爬进了满是蕨类、雪松以及笔直枯树的区域。”“迦勒把飞进他眼睛里的虫子弄出来，湿乎乎的，已经死了。”他的战争经历“正当而奇特”。珀西的措辞、抒情和印象派写作手法源自诗歌，而不是新闻。珀西对一个人经历的沉浸式调研（非常具有时事主题性）使《恶魔营：一个士兵的驱魔经历》超越了写作的一些普遍信条。书中对一位老兵的噩梦及其产生的宗教和文化土壤进行大胆、不规则的描写。如果你不相信恶魔，也不欣赏她的写作手法的美感，那么《恶魔营：一个士兵的驱魔经历》可能是考验你耐心的一部作品。即便如此，令人感到兴奋的是，沉浸式写作正朝着新的方向扩展。

第一人称叙事的最后感想

以上所提到的作品都是报道式写作：作者在外面了解到一些事物，并有了写下这些事物的想法。报道式写作是指作者在笔记本上记下了解到的信息，录入笔记本电脑或者用相机、录音机和智能手机应用程序记录下信息，这些内容通常构成书籍或文章的原材料。但这可能不是写作的唯一的材料。

2015 年，塞巴斯蒂安·荣格尔在《名利场》杂志上发表了有关创伤后应激障碍的文章。其中大部分是基于对人类学家、顾问和退伍军人的采访以及医学研究和政府报告。但是这篇文章的开头两段是这么写的（这两段也是在我第一次阅读后的一个月，我记得最清楚的部分）：

我第一次体验到我现在所了解的创伤后应激障碍的时候，我住在纽约市的一个地铁站附近，那时距离“9·11”袭击事件的发生还有将近1年的时间，而我当时结束了对阿富汗北部联盟领导人艾哈迈德·沙阿·马苏德（Ahmad Shah Massoud）的采访，刚回到纽约。我在阿富汗待了两个月，任务是撰写一份关于马苏德的简介，他对塔利班进行了殊死抵抗，直到“9·11”的前两天，塔利班才暗杀了他。我曾经和他一起到过前线，当时他的部队刚刚从塔利班手中夺过一片土地，不可避免地遭到长达一个小时的密集火力反击。我们所能做的就是抱着希望在战壕里蜷缩着。几天后，我感到精神错乱，好像经历了世界末日一样。

不过，当我回到家里的时候，我并没有再去想这件事或我们看到过的任何其他可怕的事情。我把所有东西都埋在心里，直到几个月后的一天，我在高峰时间乘坐市中心的C线地铁。突然我发现自己靠在金属支撑柱上，我当时认定自己要死了。站台上的人太多了，地铁列车进站的速度太快了，灯光太亮了，世界太吵了。我无法完全解释哪里出了问题，但我比在阿富汗的时候更加害怕。

相比之下，詹妮弗·珀西虽然在阿富汗进行过报道，但她作为一名战地记者的经验较少，在她的书中也没有提到这一点。

在我成长的年代，新闻报道中禁止用第一人称，报纸专栏也限制使用第一人称。使用“我”这个字被认为是一种干扰（“我们阅读该新闻是为了获得新闻和信息，而不是为了了解记者的个人生活”）。新闻来源，特别是在北美，力图实现客观性，第一人称意味着新闻是主观的。但是这种情况在20世纪60年代开始发生变化。新闻变得更具叙事性，文学性越来越强，而且很明显，熟练的第一人称叙事为写作增加了新的维度和新的可能性。亨特·S. 汤普森和汤姆·沃尔夫在写作关于西海岸嬉皮年代的一些事件中就用了第一人称叙事。琼·迪迪翁在《向伯利恒跋涉》的个人散文中优雅地讲述了她作为一名纽约年轻记者的经历。渐渐地，“我”在严肃的非小说类作品中变得可以接受。

世界快速发展，直到今天，作者们已经从早期的第一人称用法转变到习惯于在社交媒体甚至学术论文中用第一人称来公开表达。我作为写作老师和正在从事写作的作家的立场是，必须值得用第一人称。你的作品中的“我”需要有一些价值，否则会分散读者的注意力。如果你的话题是毒瘾和康复，并且你在这方面有个人经验，那么也许你的经验应该在写作中占有一席之地：毕竟，这是你对该话题了解的一部分。你写某篇文章的材料很可能包括你在报道之前已经阅读过的内容或者亲眼看见的情况，甚至就像荣格尔和珀西在报道中看到的一样。是否把这些材料纳入你的文章取决于个人经历的性质以及你的写作重点。

我写作的时候，最喜欢的报道方式是体验式的，这可能也是我写书的方式。我常常想把自己置身于一种情形之中，以获得第一手信息，然后开始写作。我试图从熟悉的世界中找出热点的话题来写，例如墨西哥打工者。令我惊讶的是，他们经常出现在新闻中，但是我们对于他们生活的细节却知之甚少。当我写《草原狼》时，我亲眼看见他们离开家乡、跨越边境、在美国秘密生活，并获取了第一手资料。换句话说，我报道的内容和我亲身经历的内容是同一回事。

还有一些沉浸式的作者将第一人称限制在引言或后记的写作上，或者正如我上文提到的，完全不用第一人称。约翰·麦克菲以及为《纽约客》杂志写作的许多其他作家，都使用第一人称叙事，以便让读者知道他们自己在场景中的存在，或者以这种叙事方式推动事情发展，但他们很少表达意见或透露自己的个人信息。凯瑟琳·布曾这么说：

作为读者，我有时会发现“我”这个字变成了书中的人物，即比起书中其他人物，作者不可避免地想让读者更喜欢对自己的描述。而且我认为这会妨碍读者与书中比作者本身更有趣的人物建立联系，读者对这些人物的故事没有他们对作者本身那样熟悉。

我尊重这一立场，并且认为有时候她说的是对的（在我看来，一种解决方法是塑造一个不完全讨人喜欢、会造成一些无关紧要的错误的叙事者）。但是，如果通过沉浸式体验写了一本叙述陌生事物的书，却由局外人来进行讲述，那么让我读这样一整本书会感到沮丧，读者对作者在沉浸过程中所面临的挑战几乎无法获知。原因之一是每个现场研究人员都会以某种方式改变故事。我对通过沉浸式研究而写的书或文章很有信心，是因为我的报道具有透明性。换句话说，如果我能想象出来坐在那个五年级教室里的特蕾西·基德，我会感觉更好。也就是说，透明性是新的客观性。与其假装我们没有偏见，假装不对故事的讲述方式有任何影响，不如让我们保持开放态度并充分了解我们所掌握的材料和事物的发展过程。在我看来，一个精心设计的第一人称视角是迈向透明性的第一步。

最后，特别是在用第一人称叙述的情况下，要格外留心作者宣称的内容。我们可以用一周时间通过和一名瓦工并肩干活儿来了解他的工作吗？当然可以，我们比在从未做过瓦工工作的时候要了解得更多。但是我们可以说我们了解瓦工的生活吗？不，我们不可以。深刻的了解是不能通过这样短暂的访问就能获得的。

我在火车上待了几个月后的一个星期天，我感到了孤独，并打电话给我在新泽西的姨妈，我是从她家又重新上路的（就像凯鲁亚克一样，我一直在思考）。她祝贺我弄清楚了如何扒货运火车，并宣布“你是个流浪汉！”。我对她表示感谢，说我真的不这么认为。在我们挂断电话后，我想她完全理解了错误。我不是一名流浪汉，我试图理解流浪汉，想从他们那儿学习到东西，但是我非常庆幸自己不是一名流浪汉。流浪汉对于失去亲人和断绝联系有着更深刻的理解，从而像变了一个人。流浪汉在某些人的眼中代表着自由，但是和他们一起旅行就能看到他们的创伤。一个流浪汉在感到沮丧时无法打电话给家人，在他想回家时也无法张口要钱买车票。

VI. 后记

获得长寿的一个好方法……就是从一个国家到另一个国家旅行，体验一种又一种的文化，听着一种又一种的语言，耳朵听到全新的声音，感觉变得敏锐，注意力得到磨炼……

人们很难在一个难以发声的世界里待下去。

——布鲁斯·伯格，《雪莉酒的终结》

对于进行实地调研的人来说，深入不难，离开不易。

——马修·德斯蒙德，《被驱逐者》

看待一本书或一篇文章，类似于看待一种定做的同位素或有机物首次被释放到环境中。我们对可能发生的情况有一些预测，但实际上我们不知道会发生什么。如果运气好的话，这项工作将引起关注、赢得读者，将在世界产生一定的影响。

这本书或者这篇文章肯定会对写作对象产生影响——在大多数情况下，写作对象直到阅读了书或文章之后才确切地知道作者是如何写他们的（并且有可能完全不知道自己被写进了书里或者文章里）。对于许多作家来说，这是一个遭遇清算的重要时刻。在大多数情况下，我们希望写作对象喜欢我们所写的故事，或者至少要承认它们是真实的；另一方面，仅仅写些奉承的文章是肤浅的。我们是否对介于两者之间的写作给予了应有的思考？

在作者的利益与写作对象的利益相一致的情况下，这项任务可能是最容易的。有个很好的例子是丽贝卡·思科鲁特的作品《永生的海拉》。作者着手发掘了拉克斯生命中被忽视的细节——拉克斯在约翰斯·霍普金斯大学接受（免费）治疗时，医生对她的宫颈癌细胞进行了活体组织切片检查。拉克斯最终死于癌症，但她的细胞得以存活：研究人员发现它们是一种毒性强且繁殖迅速的菌株……研究人员很快就意识到，理想的做法是在实验室中对这些细胞进行研究培养。长期以来“海拉”细胞一直闻名于研究领域，继续帮助医学研究，这是一件好事。但是，未经她的允许，拉克斯的DNA在商业上可以被任何人利用，而且其后代没有获得任何经济利益，这样的做法合适吗？拉克斯的亲戚是思科鲁特的重要写作来源，现在她这本书的一部分收益都给了他们。值得称赞的是，医疗机构是写作的另一个重要来源。思科鲁特的工作引发了深远的改革，不仅使拉克斯的后代受益，而且使得任何人的DNA被研究人员所使用后都会受益。从某种意义上说，这类书的相关各方都从书的出版中受益，这确实是最好的情况。而我认为最坏的情况就是本书前面提到的乔・麦金尼斯的《致命幻影》。

写作项目往往会介于上述这两个极端情况之间。在大多数情况下，一篇沉浸式作品的写作对象在作品发表之前对我们所写的内容会有合理的认识。作者或者事实核查员可能已经再次找到他们要求澄清或验证某些观点（一些优质的杂志拥有自己的事实核查员或者雇佣自由职业者做这项工作。图书出版商通常不这样做，许多非小说类书籍的作者会自己雇佣事实核查员）。

一个好的办法是，即使写作对象在阅读我们的作品时怀有不满情绪，我们也要在出版之前让他们知情，帮助他们为书的出版做好心理准备。这样的做法会使对方感到我们周到体贴，而且也暗示我们希望他们喜欢作品。即使是那些预计到作品会给自己造成负面影响的写作对象也可能会对此表示理解。直到出版前一两个月的时候，我才让纽约州监狱管理局知道我为了写作《纽杰克：辛辛监狱守卫记》一书曾为他们工作过。那个时候，他们甚至拒绝与《纽约客》杂志的事实核查员合作。我也亲自给在我工作期间的辛辛监狱的负责人打电话（那时他已经调往另一所监狱了）。我告诉了他关于这本书和我的研究，以及监狱管理局的不高兴态度。他问我："呃，你写的内容都是正确的吗？"我回答："按照我的标准，我核实过了。"他说："那就祝你好运了！"

但是，让写作对象为作品的出版做好准备并不意味着要把白纸黑字给他们看。我的一名学生是一个前途远大的年轻记者，一家主流报纸让她写一篇关于当地台球桌制造商的专题报道。出于某种原因，也许是出于友善，她把草稿拿给写作对象看，并把这件事告诉了编辑。编辑很不高兴。"他们差点儿没有采用稿件！"她告诉我。很多出版商认为，不把文章提前给写作对象看（其中包括最好的报纸）是一种最佳做法：保护报纸和新闻记者免受压力，因为写作对象往往要求改变那些真实却令他们不高兴的内容。[①]

① 事实核查员有时会向写作对象转述文章中对他们说过的话的引用，以核实准确性。换句话说，核查员不会直接对写作对象说："根据作者的说法，你说过的话如下，我将引用在文章中：'与市长握手后，我要数一数我的手指，确定还有5个手指。'"这就给了他们机会来改变或者撤回引语。事实上，核查员可能会说："据我们的作家说，你说过市长不一定靠谱。"

沉浸式作品在发布前的几天往往涉及更复杂的问题。我从未事先把书稿给我的写作对象看，但是我知道我非常敬重的一些作家会把书稿的部分段落给写作对象看（为报纸和杂志而写作的撰稿人切勿在没有事先询问编辑的情况下把草稿给写作对象看）。这通常是因为写作对象参与了长时间的研究，并且发挥了重要作用，在某种程度上像合作者一样，让他们看一眼草稿有助于提高文章的准确性，也使他们在这种伙伴关系中感到放心。除此之外，作者可能会简单地以口头方式向写作对象描述其作品。有时候，很小的事情会让我们的写作对象烦恼，而不是那些大问题。如果你可以删掉诸如写作对象有一次把番茄酱打翻并弄到了她的朋友身上之类的内容，你就可以与写作对象保持良好的关系，删去这样的内容是值得的。在以下情况下，那些希望将文章扩展为书的作家会感到特别大的压力：一方面，如果写作对象对文章特别失望，那么就不会有任何书可写；另一方面，作者可以自担风险，通过忽略一些实质性以及批评性的故事来迎合自己的写作对象，但是作者首先必须对真理和读者忠诚。

当我为《悦旅》杂志撰写文章时，我了解到一些“小事”。一个写作对象被称为“圣诞节牛仔”：每年夏天一次，怀俄明州北部和蒙大拿州的牛仔可以在一天之内参加三场牛仔比赛（如果他们开车快的话）。为了完成我的研究，我事先花了几天时间和一个名叫杰伊的无鞍骑手在一起。他和他的朋友们都非常有趣，我非常喜欢我们的旅行。文章发表后，我给杰伊邮寄了一份杂志，然后给他打了个电话，问他喜不喜欢这篇文章。

他的未婚妻接的电话，听上去很冷酷。她说，杰伊不在。我问她：“你们觉得作品怎么样？”她停了一下，大声说道：“你不必说他是个跛子！”

“什么？”我说，“我没有说他是个跛子。”

“呃，你说他走路时一瘸一拐，”她说，“我听起来像是说他是个跛子。”

“但是他确实一瘸一拐的！”我抗议了。

“你不必非要说出来。”她悻悻地说。

与此类似，我的一个学生在一个卖汉堡的地方工作的时候认识了同样在那里工作的送货员，写了一篇关于送货员的特写。送货员曾在墨西哥当过教授，他对送货地的建筑结构表示赞赏，流露出了他的博学，他还拍了这些建筑物的照片。我的学生写道，他不愿微笑，因为他在餐厅咬了一些硬东西后掉了牙。文章中引用了这家餐厅经理的话，提到该公司购买的健康保险并未包括牙科费用。

我的学生将该作品放在了一家全国性杂志的网站上。不幸的是，餐厅所属公司的有关人员看到了这篇文章，要找经理的麻烦。经理告诉我的学生，如果文章不能修改一下的话，送货员甚至是经理本人都会丢掉工作。我的学生内心十分不安，问他的编辑是否可以对文章进行修改，因为他从不想让任何人丢掉工作。编辑很客气地说，可以修改，从而避免了一场危机。

当作者有了新的想法或者发现文中有错误的时候，总是那么容易解决问题吗？在印刷的杂志或报纸中，答案是否定的，除非在之后的印刷品中进行更正。在印刷的书籍中，答案是否定的，除非作家很幸运，那本书将进行第二次印刷，在这种情况下，出版商有时会同意稍加改动。当然，在网络出版物上，可以进行修改，但并不是必然会修改：编辑不愿意仅仅因为写作对象反对，就重新考虑涉及公共利益的实质性事实（如果出版商确实同意进行更改，则有时会附上编辑注释，对修改进行解释，以使细心的读者不会感到编辑在掩饰些什么）。

❀ ❀ ❀

关于你的作品，除了特定的人如何回应你的作品这个问题之外，还有一个问题是对于文章读者总体上是做出批评还是表示欢迎。安妮·法迪曼在其作品《鬼怪抓住你，你就跌倒了》中引述了这样的说法：“我们看不到世界的面目，我们看到的只是我们的世界。”因此法迪曼告诉我班上的学生：“越南少数民族的读者认为这是一本关于该民族的书。读过这本书的医生认为，这是一本关于跨文化医学难题的书。从事难民安置工作的人认为这是一本关于难民安置问题的书。”

我写过关于明尼苏达州的杀人犯罗伊·瓦尔伯格及其受害者戈德兹的家人的故事，这篇文章在某种程度上面临更为严峻的问题。戈德兹的家人听说瓦尔伯格在监狱中靠软件产品赚钱，于是向瓦尔伯格提起了民事诉讼。后来双方达成了和解。瓦尔伯格获释后跟我见过几次面，他告诉我，戈德兹家人的仇恨使他感到沉重。而戈德兹家人虽然很乐意告诉我他们的故事，但也怀疑我一直和瓦尔伯格有所来往。他们想知道我究竟站在哪一边，而在作品发表之前他们无法真正知道我的态度。我写作的时候努力做到公平，但是，当我把文章链接以及杂志的印刷版给双方时，我很确定两者都不会感到高兴。

瓦尔伯格收到文章的时候又重新回到了监狱，他对一些细节不满意，但他让步了，因为其中没有任何内容可以称得上是“不正确”。然后我接到了受害人哥哥的电话，他曾经带我去明尼苏达州的伊利钓鱼，并曾描述他在酒吧里的许多斗殴。在电话里，他非常生气，我可以想象他的手在握拳。我听着他的不满，然后我说了类似下面的一番话：“呃，这很奇怪。我刚跟瓦尔伯格通过话，他也很不高兴。”

“他也不高兴？”他说。我一一列举了瓦尔伯格的投诉，电话那头的人听了进去。他最后说：“哦，那这篇文章还不算那么糟糕。”

❀ ❀ ❀

我们脑子里瞬间的想法本来是我们自己才会关注的事物，而出版作品把我们的想法变为一个独立存在的外部事物。不止一位作家指出，我们的作品一旦发表，“就属于这个世界”。我们当然希望一切顺利，但有可能要为作品而辩护。从本质上说，作品已经开始了自己的生命。作品虽然是我们写的，但是不再是我们的了。我们希望它的寿命很长，或者说至少不会很短，并且能够产生重大影响。

对我来说，沉浸式写作是一个特殊的类别，因为它隐含了这样的信息：沉浸式写作可以使我们增进理解。正如亚历克斯·科特洛维茨曾经写给我的那样："我一直觉得同理心不仅是讲述故事时的向心力，也一个社区的向心力，因此非小说类的沉浸式叙事的力量最终可以帮助我们增进联系，有助于建设社区。"在最好的情况下，理解他人将有助于消除不同族群之间的无知和仇恨。它可以作为一个例子，说明不同群体之间进行交谈的可能性，从而带来对话和希望。进行调查研究可能很困难并且需要很长时间，但我认为，作者对沉浸式写作的创作会感到非常自豪。这类写作与给族群贴上标签的做法正好相反。

至于接下来发生的事情——完成一本书的写作，可能是作家人生中的一件大事。即使是长篇文章，也可能要花费一年的时间。对许多人来说，完成写作的感觉是苦乐参半的。是的，这是一种成就感，但是心里也会空出一块地方。有些人立即进入下一个写作项目，有些人则会空放一段时间来产生新的想法。还有一些作家已经精疲力竭了——刚完成一个写作项目，已经写够了！

对我而言，深入的沉浸式体验既使我着迷，又会令我迷失方向。与和自己不同的人长时间待在一起会影响我对自己身份的认知。当我恢复正常生活时，我觉得我不是卸下了伪装，而是像松了劲儿的橡皮筋一样放松了下来。沉浸式体验拉紧了我本来的放松状态，回到家里之后，我就像是橡皮筋差不多恢复了原状一样，当然也不完全能回到原状。毕竟，橡皮筋一旦拉紧，就不会像刚开始时那样，因为橡皮筋有了更大的张力。因此，我通常会感到通过橡皮筋的拉伸，我的张力更大了。

写作是一个思考和加工的过程。我作为作者而发出的声音需要立足于体验，并由此而展开评论，而我新的状态丰富了书中的内容。完成一个沉浸式作品就意味着完成了重构自己的过程，它是一个重建、吸收和加工的过程，这为迎接我的下一个作品而做好准备。

致　谢

感谢杰伊·莱博尔德、爱德华·J.戴维斯、安妮·赫尔曼、玛丽·劳尔、尼古拉斯·达维多夫、布鲁克·克罗格、J.C.哈尔曼、珍妮·加瓦克斯、埃利·爱波斯坦、凯尔西·库达、丹妮尔·麦基、里克·拉森、查尔斯·塞费、戴尔·马哈瑞奇，阿琳·斯坦、罗伯特·摩尔、杰西卡·宾果、马修·罗德里格斯以及我在纽约大学和布雷德洛夫作家大会上的学生。特别感谢我的妻子和我永远的编辑玛格特·古拉尼克。